古蜀三星堆

黄剑华 著

四川文艺出版社

图书在版编目（CIP）数据

古蜀三星堆 / 黄剑华著. -- 成都：四川文艺出版社，2021.11
ISBN 978-7-5411-6166-7

Ⅰ.①古… Ⅱ.①黄… Ⅲ.①三星堆遗址—考古发现—研究 Ⅳ.①K878.04

中国版本图书馆CIP数据核字（2021）第205139号

GUSHU SANXINGDUI

古 蜀 三 星 堆

黄剑华 著

出 品 人	张庆宁
责 任 编 辑	王思鈜　叶 驰
内 文 设 计	史小燕
封 面 设 计	叶 茂
责 任 校 对	文 雯
责 任 印 制	喻 辉

出 版 发 行	四川文艺出版社（成都市槐树街2号）
网　　　　址	www.scwys.com
电　　　　话	028-86259287（发行部）　028-86259303（编辑部）
传　　　　真	028-86259306
邮 购 地 址	成都市槐树街2号四川文艺出版社邮购部　610031
排　　　　版	四川胜翔数码印务设计有限公司
印　　　　刷	四川华龙印务有限公司
成 品 尺 寸	169mm×239mm
印　　　　张	9.75
开　　　　本	16开
字　　　　数	100千
版　　　　次	2021年11月第一版
印　　　　次	2021年11月第一次印刷
书　　　　号	ISBN 978-7-5411-6166-7
定　　　　价	59.80元

版权所有·侵权必究。如有质量问题，请与出版社联系更换。028-86259301

目录

灿烂的古蜀文明 / 001

神秘面纱被揭开，古蜀文明的灿烂真容重现于世。

神秘的群巫集团 / 017

头戴冠冕的蜀王、气概英武的部族首领，其实都是祭祀的"巫师"，他们以青铜雕像的形貌屹立千年。

三星堆通天神树 / 043

青铜神树，神话传说中"扶桑"与"建木"的真实写照，被古蜀人视为与神灵沟通的桥梁。

太阳神话的反映 / 057

太阳神鸟何以成为神圣象征？射日神话又缘何流行？"神器"金杖为你解开古蜀太阳神话密码。

昌盛的泛灵崇拜 / 071

古蜀人相信万物有灵，龙、虎、蛇、鱼、鸟、蚕等众多动物造型，带你领略千年前的图腾崇拜。

目录

繁荣的社会生活 / 087

不止青铜——古蜀王国的繁荣社会（玉石加工、陶器制作、农业种植、缫丝纺织）。

黄金谱写的篇章 / 105

开黄金使用之先河。湮没千年而仍旧灿灿生辉的黄金面罩、金杖、金虎带你走进世界上最早开采和使用黄金的古蜀人的黄金世界。

通向远方的商道 / 119

除往来中原，还远交南亚——出土的海贝等表明了古蜀王国源远流长的对外交往。

穿越时空的魅力 / 137

见证历史，理解当下，畅想未来。

后记 / 144

灿烂的古蜀文明

地处长江上游成都平原的古蜀国，在古文献记载中一直给人以扑朔迷离之感。《蜀王本纪》和《华阳国志》等记述的蚕丛、柏灌、鱼凫、杜宇、开明，究竟是传说中的人物，还是确有其人？他们是人名还是族称？他们代表的朝代究竟延续了多久？相互间的更替又是怎么回事？给今天的人们留下了众多的疑问和猜测。唐代大诗人李白在《蜀道难》中写道："蚕丛及鱼凫，开国何茫

三星堆遗址地貌图，这个非同寻常的地方，由于揭示了古蜀之谜而名闻遐迩。

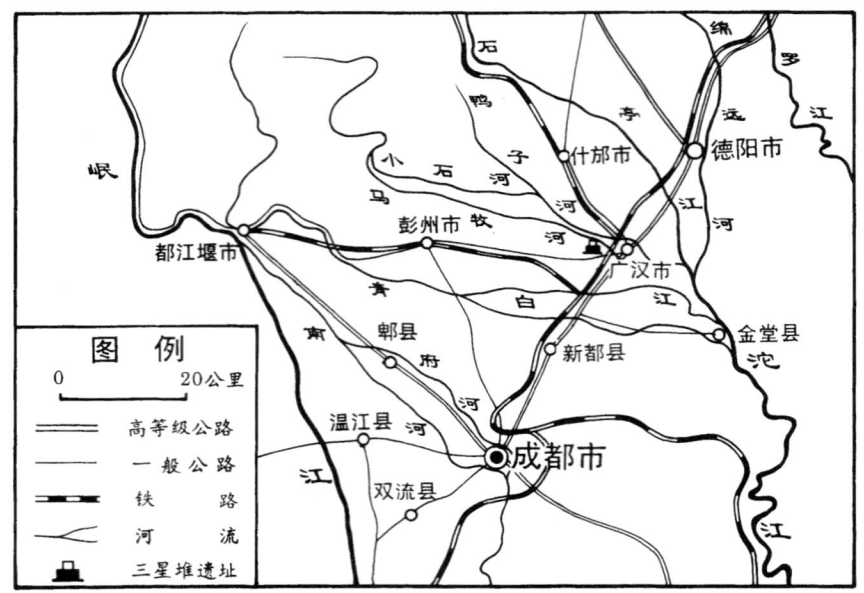

广汉三星堆遗址地理位置图

然。尔来四万八千岁,不与秦塞通人烟。西当太白有鸟道,可以横绝峨眉巅,地崩山摧壮士死,然后天梯石栈相钩连……"这些瑰丽的诗句,更是为传说中的古蜀历史抹上了一层神秘的色彩。

三星堆惊人的考古发现,终于揭开了古蜀国神秘的面纱,为文献记载中的古蜀历史提供了重要印证,使我们真实地看到了数千年前古蜀文明的灿烂辉煌。那些具有鲜明地域特色的大量出土文物告诉我们,传说中的古蜀王朝并非子虚乌有,成都平原在商周时期甚至更早确实存在着繁荣昌盛的古文化及古城、古国。显而易见,岷江流域作为中华文明的重要发源地之一,拥有同中原一样悠久而深远的历史文化。它是中华文明的一大骄傲,也是世界东方文明发展史上的绚丽篇章。

中国近代史上有许多重大考古发现,最初的发现都带有一定的偶然性。例如我们熟知的甲骨文和敦煌珍贵经卷遗书的最初发现经过便是这样。三星堆古蜀文明遗址的最初发现,也具有很大的偶然性。据郑德坤《四川古代文化史》记述,当地居民燕道诚与家人在1931年春因为溪流淤塞溉田不便,车水淘浚时发现了一批玉石器,有石璧、玉琮、玉璋之类。消息传出后,引起了古董商们的注意,经过他们的渲染和炒作,当时的成都古董市场一度被"广汉玉器"闹得沸沸扬扬。此事很快引起了学者们的关注和重视,并由此而开始了早期的调查研究工作。

当时在华西协和大学从事文化人类学和考古学讲学并担任博物馆馆长的美籍教授葛维汉,对发现的"广汉遗物"产生了浓厚的兴趣,于1932年亲至其地考察,后征得广汉县长罗雨苍和省政府教育厅的同意,

1934年葛维汉(右一)林名均(左一)在广汉考古发掘时留影

1934年葛维汉（左三）在三星堆遗址主持的发掘现场

在1934年春对月亮湾遗址进行了考古调查和科学发掘。通过对出土文物的整理研究，葛维汉撰写了《汉州发掘简报》，协助发掘的林名均也写了《广汉古代遗物之发现及其发掘》。当时旅居日本的郭沫若得知后，立即写信与他们联系，认为广汉的考古发现非常重要，它为揭示古蜀文明的真实面貌、了解先民们的社会风俗习惯、探索古蜀国与周边区域的关系，拉开了序幕。

20世纪50年代修建天成铁路（即后来的宝成铁路）时，担任西南博物院院长的冯汉骥率人到广汉月亮湾进行了调查。此后，四川省文化局和省博物馆又多次派人前往考察，四川省博物馆和四川大学历史系考古教研室对月亮湾遗址进行了考古试掘。冯汉骥当时站在月亮湾发掘现场的阶地上，遥指着马牧河对面的三星堆说："这一带遗址如此密集，很可能是古代蜀国的一个中心都邑。"①后来的考古发现，完全证实了这一预见。

冯汉骥1936年在美国获博士学位后的留影

---

① 参见林向《三星伴月话蜀都——三星堆考古发掘琐记》，载《文物天地》1987年第5期。

考古工作者深信三星堆有古蜀文明遗留下来的宝藏，但对它们究竟沉睡在何处却深感困惑，在做了多次的考古调查和试掘之后，期盼的心情变得更加强烈了。一个令人惊喜的季节终于来临，1986年7月18日上午，当地砖厂工人取土时挖出了一件玉璋。考古工作队闻讯后立即赶到现场，在炎热骄阳下搭起竹棚，经过七天七夜的紧张发掘，一个埋藏着古蜀王国大量珍贵文物的器物坑突然呈现在人们面前。考古队员最先看到的是一根灿烂的黄金手杖，其次有黄金面罩、青铜人头像、种类繁多的青铜器和玉石器，以及象牙、海贝、陶器等，那种激动的心情真是难以形容。要知道，这不是普通文物，而是湮没了数千年之久的古蜀文明遗留下来的绝世奇珍，其巨大价值是任何金银珠宝都无法比拟的。由于三星堆的惊人发现，中华文明史和世界文明史都将因此而谱写新的篇章。

对于三星堆考古工作队乃至整个四川考古界来说，1986年确实是一个非同凡响的幸运年。发现三星堆一号埋藏坑之后，仅仅过了半个多月，更大的惊喜又降临在了这些幸运的考古工作者头上。1986年8月16日下午，当地砖厂工人取土时又意外地发现了二号埋藏坑。考古工作队经过半个多月的发掘清理，出土了各类珍贵文物，其中有青铜器735件，金器61件，玉器486件，象牙67根，象牙珠120颗，海贝4600枚等。特别是高大的青铜立人像、奇特的青铜神树，以及数量众多的青铜人头像、青铜面具和青铜器物，铸造精美，造型神异，具有极其丰富的内涵和象征意义，每一件都是无与伦比的绝世珍品，其数量和种类，都大大超过一号埋藏坑。这些丰富而又罕见的出土文物，为我们了解神秘的古蜀文明提供珍贵的资料。消息披露后，便立即在海内外引起轰动。

冯汉骥教授（右二）考察广汉遗址

中国考古界和世界学术界都惊喜地谈论着这一考古发现，对此给予了高度评价，称之为"沉睡三千年，一醒惊天下"，认为三星堆出土器物填补了中国青铜艺术和文化史上的一些重要空白。英国《独立报》1987年8月13日刊登了一位英国学者的评论："广汉的发现可能是一次出土金属文物最多的发现，它们的发现可能会使人们对东方艺术重新评价。中国的青铜制造长期就被认为是古代最杰出的，而这次发现无论在质量上还是在数量上都使人们对中国金属制造的认识上升到了一个新的高度。"还有人认为三星堆的考古发现，比有名的中国兵马俑更非同凡响。随后举办的三星堆文物出国展览，所到之处，更是观者如云，反响热烈，得到了海内外各界人士的由衷赞叹。三星堆闪耀出20世纪考古界一道最夺目的光彩。

8 / 古蜀三星堆

三星堆二号坑出土象牙情景

三星堆考古发现具有多方面的重要意义，为解开古蜀历史文化之谜提供了一把极其重要的钥匙。我国近代著名学者王国维在学术研究方面曾提倡"二重证据法"，这对研究三星堆文明仍是重要的。从出土材料看，一号坑的年代约相当于殷墟文化第一期，二号坑的时代则大致相当于殷墟晚期。这是考古工作者采用层位学和类型学的方法，对两坑出土器物做出的年代判断。这一推测与论证，基本上为考古界的学者们所认同。李学勤通过对三星堆出土青铜器纹饰的研究，指出："纹饰的分析表明，三星堆两座器物坑所出青铜器的年代，与两座坑本身的年代，即由有关碳—14年代推定的一号坑相当商文化的殷墟早期，二号坑相当殷墟晚期，是互相一致的。这说明当地的文化（蜀文化）发展是与商文化的发展平行的，彼此的影响传播是畅通的。"[1]俞伟超和邹衡等也提出了类似的看法。此外，也有一些学者提出了异议，显示了百家争鸣的学术风气。

　　虽然三星堆遗存的分期编年，还有待于进一步更深入和更细致的研究，但三星堆文明在商周时期已发展成为一种具有浓郁特色的灿烂辉煌的青铜文明形态，已是不争的事实。学者们对三星堆两座器物坑的性质和定名，也有较多的争鸣和讨论。归纳起来大致有六种意见：一、祭祀坑说；二、埋葬坑说；三、犁庭扫穴毁其宗庙说；四、窖藏说；五、巫术厌胜说；六、神庙器物掩埋坑说。这些争论，充分说明了考古发现所揭示的三星堆文明具有极其丰富多彩的内涵。目前虽未达成一致的看

---

[1]　参见李学勤《三星堆饕餮纹的分析》，载《三星堆与巴蜀文化》第79页，巴蜀书社，1993年11月第1版。

三星堆一号坑、二号坑发现处

法，但随着探讨的深入，学术界对扑朔迷离的古蜀文明已经有了更多的了解和越来越清晰的认识。

　　考古工作者在对一号坑、二号坑发掘之后，对三星堆遗址又做了大量深入的调查和试掘，获得了许多可喜的收获。种种迹象表明，三星堆遗址规模宏大，内涵丰富，说明它绝不是普通的村落和邑聚，而是古蜀王国的都城。其分布范围"东起回龙村，西至大堰村，南迄米花村，北抵鸭子河，总面积约达十二平方公里。分布最集中、堆积最丰富的地点，有仁胜、真武、三星、回龙四村"①。从总的特点来看，这些"遗

---

① 参见屈小强、李殿元、段渝主编《三星堆文化》第112页，四川人民出版社，1993年12月第1版。

址主要分布在鸭子河和马牧河两岸的脊背形台地上"①。它们共同组成了一个大型遗址群。其次是发现和确认了三星堆城墙，城址呈南宽北窄的梯形布局，现存面积2.6平方公里，大致与郑州商城遗址相当。东城墙和西城墙横跨鸭子河与马牧河之间，东城墙长1800米，西城墙被鸭子河冲刷毁坏，残存800米。南城墙筑在马牧河弯道上，长210米，北面未发现城墙，可能是以鸭子河为天然屏障。斜坡状的城墙主要采用分段夯筑法筑成，根据发掘揭示的地层叠压关系，可知城墙筑成时在商代早期，使用至西周早期，随着蜀文化中心逐渐向成都南移，这座城池才逐渐被废弃。

考古发掘还显示出，在三星堆城墙两侧分布有密集的居住遗址，在遗址群中也发现有众多的房屋建筑基址，表明这里曾长期有大量先民居住。这些房屋建筑具有比较浓郁的古蜀地域特色，显示了当时建筑技术的发达。这些考古发现充分说明，这里作为古蜀时代的重要都城和政治经济文化中心，曾有一段相当长的繁荣昌盛的时期，后来由于某种我们尚不清楚的变故，致使这段辉煌的文明遭到了湮没。

三星堆古城究竟是古蜀哪个时代的都城？由于历史文献记载的简略和模糊，目前依然是个谜。学者们对此亦提出了不同的推测与看法。从记载看，"鱼凫王田于湔山"②，可知古蜀鱼凫时代已进入农耕社会，到杜宇教民务农的时代，蜀地农业已进入蓬勃发展的阶段，经济文化和社会生活都已相当繁荣发达，成都平原这时已经出现了城市文明的曙

---

① 参见陈德安《三星堆遗址》，载《四川文物》1991年第1期。
② 参见扬雄《蜀王本纪》，《全汉文》卷五十三，第1册414页，中华书局影印本，1958年12月第1版。

三星堆遗址一号埋藏坑发掘实况

光。其实，在鱼凫王时代甚至更早的时候，水草丰茂的成都平原上就已出现了城邑，宝墩等八座早期城址的发现就是很好的例证。所以有学者认为，三星堆遗址发现的早商时期蜀都城墙，很可能是鱼凫王统一蜀国后所筑，三星堆出土的大量鸟头勺柄便与鱼凫氏有关，一号坑出土的金杖图案也透露了其与鱼凫王朝的关联。也有学者认为，三星堆古城很可能是杜宇王朝的瞿上城邑遗址，其突然废弃则可能与开明氏取代杜宇氏这一历史事件有关。而开明五世将都城移至成都，则与当时严重的洪灾有着密切的关系。

经过学者们广泛深入的探讨，结合考古材料和文献记载来看，三星

三星堆二号坑出土的青铜罍

三星堆二号坑出土的青铜尊

堆古城很可能营建于鱼凫时代，并成为杜宇时代的重要都邑，后来由于政权变更和都邑迁徙而在开明时代废弃。换一种说法，在古蜀历史上的鱼凫时代，成都平原已经出现了早期城市文明。这一城市文明以三星堆古城为政治经济文化中心，在农耕繁荣的杜宇时代发展到了鼎盛阶段。这个时期蜀地灿烂的青铜文化，无论是成熟高超的铸造技艺，还是绚丽多彩的风格特点，完全可以媲美同时期中原地区和世界其他古老文明区域的青铜文化。这一古蜀城市文明在三星堆古城被废弃后，似乎是突然湮没了。但它并没有中断，在开明王朝统治蜀地期间，随着治水和迁都等历史事件的发生，进入了新的发展阶段。

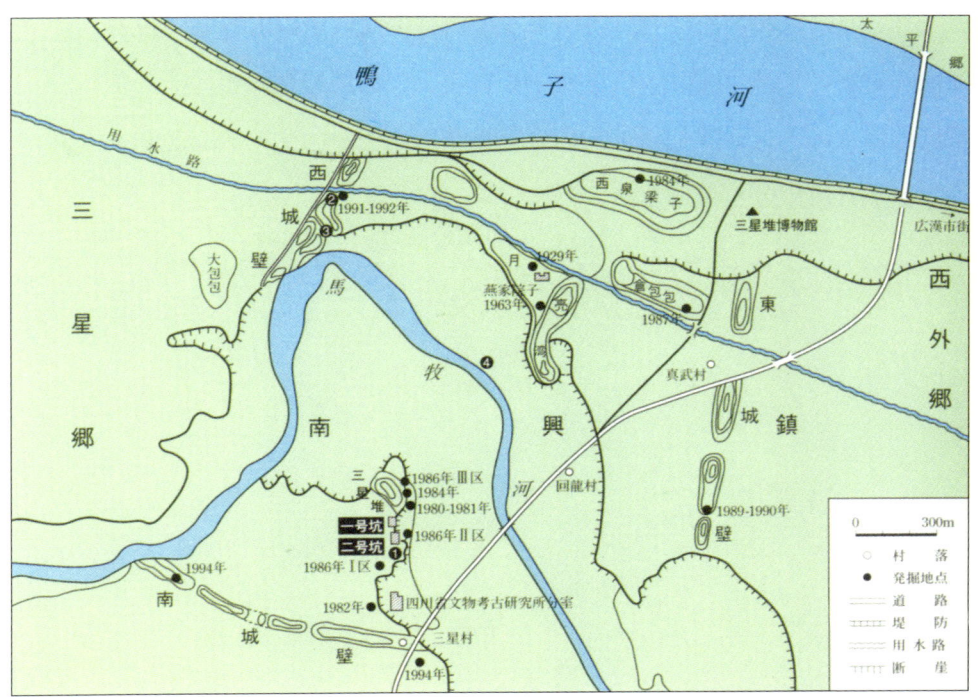

三星堆古城遗址平面分布与发掘图

三星堆古城遗址和大量出土遗物的发现和研究，也为我们了解古蜀国与殷商的关系提供了丰富翔实的证据。说明地处内陆的古蜀国在当时是一个独立发展的富饶繁荣的王国，无论是在政治上、经济上、文化上，还是在宗教礼仪和社会生活习俗方面，都与其他区域不同，有着自己的鲜明特点。但这并不否认它和黄河流域殷商王朝以及周边其他区域在经济上的交往和文化上的相互影响。我们从三星堆遗址和一号坑、二号坑出土的众多精美文物中可以看出，大量的青铜雕像和青铜面具，高大的青铜立人像和巨大的青铜神树，无不显示出浓郁而又神奇的古蜀文化特色，而其中青铜礼器中的尊、罍（léi，古代酒器），以及玉石器中的圭、璋、戈等形制，则反映了商文化对蜀文化的影响和二者的融合。

三星堆灿烂的青铜文明，还调整了人们有关商代中国的概念，说明殷商在青铜时代并不是唯一的文明中心，商王朝的周边地区也并非都是蛮夷落后之地。这对我们更加全面客观真实地认识中华文明的起源和发展，显然具有十分重要的意义。

神秘的群巫集团

三星堆出土的大量珍贵文物，将辉煌的古蜀文明真实地展现在我们面前。其中最神奇最令人惊叹的，便是一号坑与二号坑出土的众多青铜造像了。这些青铜造像铸造精美，形态各异，既有夸张的造型，又有优美细腻的写真，组成了一个千姿百态栩栩如生的神秘群体。它们不仅以丰富的文化内涵和非凡的艺术魅力感染和震撼着我们，同时也向我们透露了大量的古蜀信息，使我们看到了古蜀时代青铜文明的璀璨图景，看到了古代蜀人绚丽多彩的精神世界。

三星堆青铜造像群的种类形态甚多，按造型划分，第一类为青铜人像，为圆雕或半圆雕整体造型，包括高大的青铜立人像、青铜小人像、青铜跪人像等。二号坑出土的大型青铜立人像，头戴华美的冠冕，身着龙纹左衽长襟衣，粗眉大眼，双手夸张地握成环形，赤足佩脚镯立于双层方座之上，给人以高贵雍容、生动精美之感，特别是炯炯的大眼和坚毅的阔嘴显得气质非凡，表明了其非同凡响的身份。尤其引人注目的是其大得出奇的双手，所执何物，费人猜思。有认为执的是祭祀天地的玉琮，有认为是某种法器，还有认为可能是象牙，总之是大巫的象征。这尊通高2.6

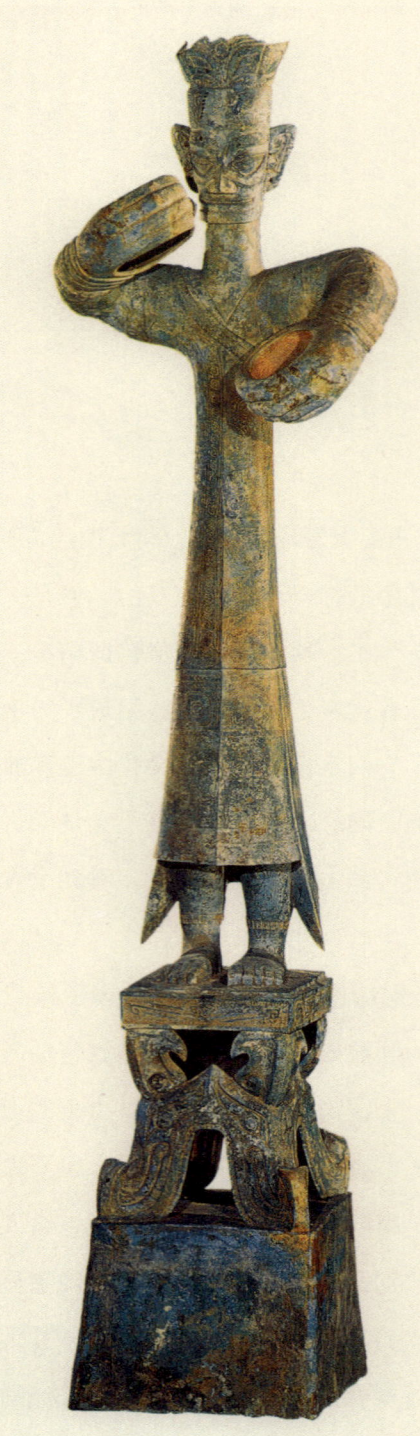

非同凡响的三星堆青铜立人像

神秘的群巫集团 / 19

三星堆二号坑出土的兽首冠青铜人像

三星堆二号坑出土的多种跪姿青铜小人像

米、重达180公斤的青铜铸像,是我国迄今发现的最早和最大的青铜造像,比《史记》记载秦始皇收集天下兵器在咸阳铸造的"金人十二,重各千石"[①],要早约8个世纪。古埃及和古希腊这一时期也未发现有如此巨大精美的青铜雕像,在考古史上可谓史无前例。二号坑还出土了一件残断的小型青铜人像,姿势造型与大立人像极为相似,不同的是其头上戴着抽象而夸张的兽首冠,显得非常奇异。二号坑出土的还有青铜小人像8尊,身着对襟服,呈蹲屈跪地之状,显然代表着不同的身份,并

---

① 参见〔汉〕司马迁撰《史记·秦皇本纪》,第1册第239页,中华书局点校本,1959年9月第1版。

形象地展示了古蜀的某种礼仪。值得注意的是一件喇叭座顶尊跪献青铜女人像，下身穿裙，上身裸露，双乳突出，显示了古蜀神禖（méi，古代求子的祭祀）文化与女神崇拜传统的影响。

第二类为青铜人头像，为圆雕头部造型。一号坑出土13件，二号坑出土44件，共计57件。它们形式多样，妆扮各异，既有共同风格，又各

三星堆一号坑出土的象征古蜀王国巾帼人物的青铜人头像

三星堆二号坑出土的喇叭座顶尊跪献青铜人像

三星堆二号坑出土的头戴装饰的青铜人头像

三星堆一号坑出土的青铜人头像

三星堆一号坑出土的戴盔青铜人头像

三星堆二号坑出土的将发辫盘于头上的青铜人头像

具特点。从造型看，它们有平顶脑后梳辫者，有平顶戴帽或头戴"回"字纹平顶冠者，有圆头顶无帽者，有将发辫盘于头上或于脑后戴蝴蝶形花笄者，有头戴双角形头盔者，还有头上部为子母口形原应套接顶饰或冠帽者。从面相特征看，人头像大都为浓眉大眼，高鼻阔嘴，方面硕耳，显得神态威武，有一种粗犷豪放的风格。其中也有线条圆润、五官俊秀者，如一号坑出土的Aa型青铜人头像，线条柔和的脸庞衬托着杏状大眼和端丽的鼻梁，加上入鬓的双眉和细腻的双唇，显得优雅而又自然，充满了青春女性之美，推测应是群像中的"公主"或巾帼人物。但这类雕像在三星堆群像中数量很少，反映出三星堆时期的古蜀王国是一个男性占统治地位的社会，而这些巾帼不让须眉的人物，在古蜀王国中与男性一样具有较高的社会地位，并在祭祀等活动中发挥着相当重要的作用。值得注意的是，一些学者认为大多数人头像面部戴有面罩，而面具往往是和原始宗教与巫术密切联系在一起的神秘道具。一号坑还出土有用纯金皮模压而成的黄金面罩，二号坑出土有数尊戴黄金面罩的青铜人头像，它们由于佩戴了金灿灿的黄金面罩而更增添了一种威严尊贵的气势。

古代蜀人为什么铸造如此众多带面罩的人头像？仅仅是为了装饰，还是有着更加深奥的含义？这确实是一个发人深省的问题。

三星堆二号坑出土的戴黄金面罩的青铜人头像

第三类为青铜人面像，为半圆雕面具类造型。一号坑出土1件，二号坑出土20件（其中完整者14件）。一号坑出土的几件小型早期人面像，具有简朴写实的特点，那宽脸圆耳长眉大眼的含笑面容，显示出一种神态祥和的风格。二号坑出土的人面像则神态威武粗犷豪放，洋溢着英雄阳刚之气，在形态造型上也展现了更为丰富的想象力。它们高鼻阔嘴，宽额长耳，刀形粗眉，杏状大眼，有着典型突起的目棱和鼻棱，有的眉部和眼眶眼珠等处曾用黑彩描绘过，还有的唇缝中涂有朱色颜料，栩栩如生。最引人注目的是三件纵目人面像，它们不仅体型庞大，而且眼球明显突出眼眶，双耳更是极尽夸张，长大形似兽耳，大嘴亦阔至耳根，简直匪夷所思，使人体会到一种难以形容的奇异。而它们唇吻三重嘴角上翘的微笑状，又给人以神秘的亲切之感。其中最大的一件通高65厘米、宽138厘米，圆柱形眼珠突出眼眶达16.5厘米。另一件鼻梁上方镶竖有高达66厘米的装饰物，既像通天的卷云纹，又像长有羽饰翘尾卷角势欲腾飞的夔龙，显得无比怪诞诡异，为这类糅合了人兽特点的硕大

三星堆一号坑出土的小型青铜人面像

三星堆二号坑出土的青铜人面像之一

三星堆二号坑出土的青铜人面像之二

三星堆二号坑出土的结合了人兽特点的青铜纵目人面像

三星堆二号坑出土的具有丰富象征含义的青铜纵目人面像

青铜纵目人面像增添了磅礴的气势和丰富的含义。它们亦有眼眉描黛、口唇涂朱的痕迹,大概是为了突出装饰效果,以表达它们非凡的神秘力量。这类大型纵目青铜面具究竟象征着什么?学术界曾有一些不同的看法和解释。有认为是古史传说中蚕丛氏"纵目"的写照,是古代蜀人的祖先神偶像。还有认为表现了一个神、鬼、人的集合体,是古蜀图腾崇拜象征。虽然诸说纷纭，但认为它们是用于祭祀的神灵偶像或崇拜象征，则大体是一致的。也就是说，它们所要表达的是神秘的大型祭祀场面。或者说它们和众多的青铜人头像、青铜人像都是古蜀大型祭祀活动中的重要供奉道具，有不同的象征含义和使用目的，共同形成一个宏大壮观的祭祀场面。

第四类为青铜兽面像，为平面浮雕面具类造型。它们都是二号坑出土，按形态可分三种类型，共9件。它们皆为薄片状，采用浅浮雕手法铸造而成。面部显示出夸张的人面特征，头顶与两侧的装饰物则展现出神奇的动物形态。有的兽面像颌下还铸有两条头部相向的夔龙，构成了一种将兽面拱起的生动造型。综观这些似兽非兽、似人非人的兽面像，

三星堆二号坑出土的青铜兽面像

三星堆二号坑出土的形似鬼脸与假面的青铜兽面像

神秘的群巫集团 / 31

① 三星堆二号坑出土的人身铜牌饰
②③④⑤ 三星堆二号坑出土的众多铜鸟

那狰狞威武的形态、龇牙咧嘴瞪目而视的表情、奇异的装饰和夸张的造型，无不给人以惊奇之感。它们既有粗犷的风格，又有细致的刻画，在狰狞严峻之中，又透露出几分质朴和单纯。它们以人的五官特征为主，加以夸张变形，显得轻巧精美，具有较强的实用性。同时又富有浓郁的原始神秘色彩，形似鬼脸与假面，推测其用途可能为祭祀时为巫师所佩戴，也可能是祭祀活动中使用的装饰物。这些极富想象力的糅合了人面与兽面特征的面具，同出土的其他青铜面具一样，显然也是古代蜀人社会意识与宗教观念的生动展示。

三星堆出土的青铜造像，除了上述的几类之外，还有小神树残断枝头上的人面鸟身像、残断的青铜鸟爪人身像、青铜神树残枝花蕾上的立鸟、各种造型的铜鸟和铜鸟头、青铜虎形器和嵌镶绿松石的铜虎、爬龙柱形器、青铜神树上的游龙和铜蛇，以及众多青铜铸造的飞禽走兽等。它们以各种生动的形态，同青铜人像、人头像、人面像、兽面像共同组成了丰富多彩的青铜造像群，向我们展示了古代蜀人的世俗生活和精神世界，展示了古代蜀人的宗教观念和审美意识，展示了他们高超的铸造技术和丰富的想象力，更展示了一个被湮没了数千年的璀璨的文明。

学者们对于三星堆青铜造像群有不同的认识和解释，但对于它们是使用于祭祀活动中的供奉道具，则是比较一致的看法，既是崇拜的神灵偶像又是体现某种观念习俗或特殊身份的象征，共同组成宏大神秘的祭祀场面。而众多鸟、虎、龙、蛇与各种飞禽走兽的青铜造像，表现的则是神物大合唱的情景，可能也是盛大祭祀场面的组成部分。这些丰富的青铜造像告诉我们，祭祀活动在古代蜀人的社会生活中是非常重要的，也是古蜀国事活动中的一件头等大事。我们知道，古代祭祀活动总是和巫术联系在一起,如果说高大的青铜立人像是大巫或群巫之长的象征,那么众多的青铜人头像和人面具可能就是古蜀国群巫集团的生动写照了。其实,它们告诉我们的并不仅仅是这些。

在三星堆青铜造像群中,站在方座上的高大威严华贵雍容的青铜立人像,在祭祀活动中的使用方式应该是比较明确的,据推测应摆放在祭祀场面中一个重要而显赫的位置上。问题在于众多的青铜人头像、青铜人面像和青铜兽面像,在祭祀活动中采用的又是什么方式呢?

让我们先看众多青铜人头像的造型,它们的颈部无一例外都铸成了V字状的倒三角形,省略了衣服V字领以下的部分,为了反映辫发,所以颈后的倒尖角比颈前的长得多。如果把它们放在地上或土台上,显然无法摆稳,推测应该另有木柱或身躯之类的附属物配合使用。这些配合安装使用的身躯,有可能是木制的,或是泥塑的。但这些身躯的姿势与

三星堆二号坑出土的青铜鸟首　　　　　三星堆一号坑出土的青铜虎形器

三星堆二号坑出土的铜蛇

高度，究竟是立式、跪坐或其他形态，则不得其详。可以想象，它们安装摆放后，很可能形成一种错落有致而气势磅礴的蔚然景观。

其次来看青铜人面像，它们的使用方式又如何呢？二号坑出土的20件厚重的大型面具，显然都不适合戴在人的面部。因此有学者认为是用双手捧举作为巫觋（xí，男巫师）舞蹈使用的面具，也有认为它们额头与耳旁有用于悬挂或固定的方孔，应是固定在泥制或木制偶像上，或是悬挂在图腾柱或大型柱状建筑构件上使用的。在这些诸说纷纭中，通过对出土青铜面具内存留泥痕的观察，认为它们是配合泥塑身躯使用的可能性最大，其两侧的穿孔可能是用于镶嵌在以木棍为骨架的泥塑身躯上的。当然这只是一种推测，尚有待于将来的证实。

关于古蜀王国的祭祀活动，还有不少疑问，比如祭祀的场所，是在宗庙、神庙内？或是在露天的祭台上？或是在空旷的广场上？或是在高大宽阔的城墙上？还是在三星堆那样的土堆上？更重要的是祭祀内容，包括祭祀对象和祭祀者，以及祭祀的方式。而具有神秘意味的面具，则为我们解答疑问提供了一条重要的线索。

三星堆高大的青铜立人像、众多的青铜人头像、青铜小人像，甚至包括人面鸟身像，都被铸成戴面具的形象，这绝非古代蜀人的随意发挥或游戏之作，很明显地贯注了古代蜀人的某种崇拜习俗和信仰观念，被赋予了强烈的象征含义。传世文献中很早就有关于面具的记载，如《周礼·夏官》说"方相氏掌蒙熊皮，黄金四目……以索室驱疫"①。在甲骨文和钟鼎文中，有不少"魌"（qī，驱疫扮神的面具）的象形字，都是人戴面具的造型特征。可知古人戴面具进行祭祀活动的习俗是相当久远的。商周以后，以戴面具为主要特征的傩祭、傩舞和由此发展而成的傩戏，曾继续流行，在有些地区甚至一直延续至今。例如现在贵州等地流行的傩戏面具，川西北白马藏族乡流行的"曹盖"面具等，虽然在时间的流淌中已有了新的内容和较大的发展，但从中仍然可以看出上古神话和原始巫教的痕迹，保留了不少古老的人格化的鬼怪形象和图腾化的动物形象。这些面具在表演时，气氛森严而狂热，使观者觉得它们有一种攫人心魄的力量，在神圣的宗教色彩中更显现出一种震撼心灵的狰狞

流行于川滇黔等地的傩戏面具

---

① 参见［清］阮元校刻，《十三经注疏》上册第851页，中华书局，1980年9月第1版。

贵州"摄泰古"面具群像

之美。无论是从时间或区域环境来看，古老的三星堆青铜面具显然对四川盆地周边区域流行的面具文化遗俗产生过重要而深远的影响。我们由此而联想在遥远的古蜀时代，三星堆青铜面具在古代蜀人的祭祀活动中，所欲表现的是否也是一种慑人心魄的力量和震撼心灵的狰狞之美呢？当然，三星堆青铜面具与留存至今的傩面具或"曹盖"面具无论是内涵和形式上都有着很大的不同。三星堆青铜面具不仅数量众多，而且大小不一，造型丰富多样，组成的又是一种宏大壮观的祭祀场面，具有更为复杂的内涵还是深刻的象征意义。其中除了青铜兽面具给人以狰狞之感，戴面具的青铜立人像、青铜小人像和众多的青铜人头像显示出的则是一种神秘威武、肃穆华贵的特点。它们在祭祀活动中所代表的多种特殊身份和表现出的群体神秘力量，无疑是给人一种更为强烈的震撼效果。

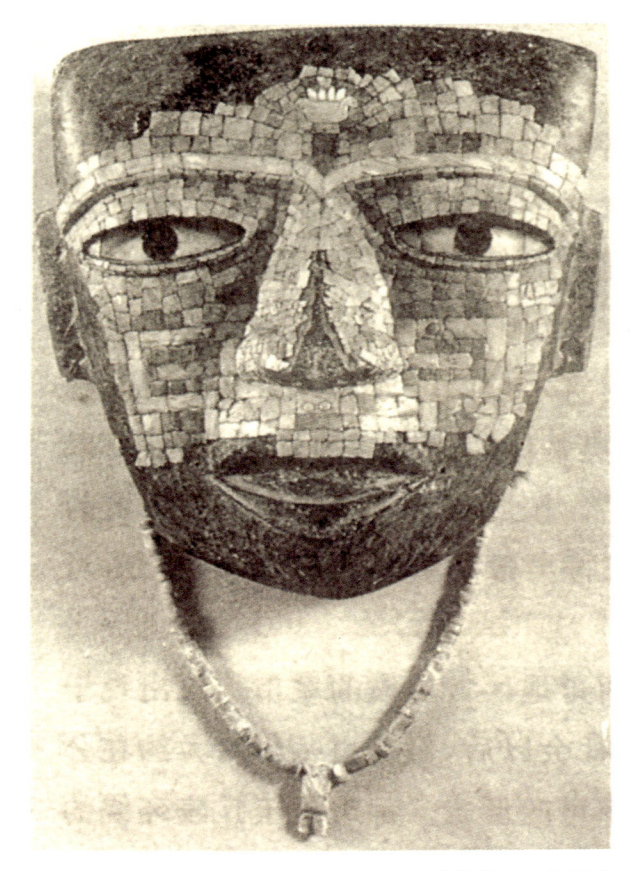

中美洲镶嵌玉石的面具

　　从更广阔的范围来看，面具是世界人类文明发展史上一种特殊的宗教文化产物。世界上许多民族都认为面具是神灵、精魂寄居之所，或认为面具是神灵、权力、地位的象征。过去曾有人认为面具是愚昧落后的产物，事实上，面具全都产生在古代文明最发达的国家和地区，如古埃及、古希腊、古罗马以及古代的中国和印度。就连中美洲也是欧洲殖民

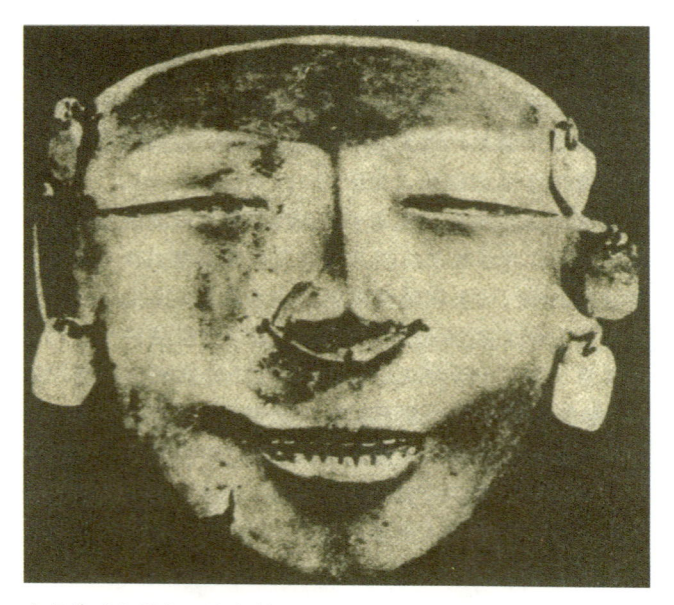

古代美洲印第安人的金制面具

者入侵之前美洲文化最发达的地区。[①]三星堆青铜面具，更是一个极好的例证。当我们对遍布世界各地的面具作广泛的观察思考时，就会发现，世界各部族的面具既有人类文明的共性，又有各自的风格特点。它们的共性是无一例外都包含了人类学、民俗学、宗教学、文化学、历史学等方面的丰富内容，它们的不同点则体现了各部族信仰观念、审美习俗与文化传统等方面的差异。古埃及的法老和古希腊的统治者用大量黄金制作的肖像面具，以及特奥蒂瓦坎的王侯们用彩石装饰的镶嵌面具和

[①] 参见沈福馨《人类宗教文化的综合载体——面具》，载《世界面具艺术》第1页，人民美术出版社，1994年6月第1版。

贝宁王国的国王们用象牙雕刻的欧巴面具，大都是显赫王权的象征。而亚洲、美洲、非洲、大洋洲等各种类型的面具，更多的是被用来代表神灵。

三星堆青铜面具也显示出象征神灵的内涵，以面具代表神灵或借助面具与神灵对话交往，是中国一个古老的习俗。在甲骨文等古文字中，不少带面具的字符，便是这一习俗的真实记载。如"鬼"字即被画成巫师戴着面具跪于地上，这一形象应是商代先民表现亡灵或灵魂的一种手法。显而易见，巫师戴上面具，是为了招引祖先亡灵与上神的降临，与之沟通，向之祈祷。进一步说，巫师戴上代表祖先神灵的面具之后，也就获得了超自然的转变，与神灵融为一体，甚至可以代表神灵讲话，就成了鬼神的代言人，使其人间世俗生活中的特殊身份又蒙上了一层神秘色彩，拥有了神力。由此可知，通常主持大型祭祀活动的王者，也就是一个大巫师，而群巫之长其实就是神王。

三星堆青铜造像群中那些头戴面具的造型，显然都带有"巫"的特点，显示了它们作为祭祀者的象征。而这种象征，是面具与人像或人头像的合铸，而且数量众多规模可观，展现了复杂的多层次的丰富含义。

从第一层象征含义来说，它们代表着古蜀国巫祝的身份，象征着古蜀国的一个群巫集团，应是古蜀国神权的象征。青铜立人像双手做握物奉献状，表明了其特殊的身份象征，应是能够沟通天地传达上帝鬼神旨意之类的人物。如果说青铜立人像象征着主持祭祀活动的最大的巫，那么众多的可能套在或镶嵌在木制或泥塑身躯上使用的青铜人头像和青铜面具，就是象征陪祭的巫了。它们代表的应是古蜀族和古蜀国宗教首领阶层。

从第二层象征含义来说，它们也是古蜀国统治阶层的象征，既代表着神权，同时又是王权的化身。在文明的早期阶段，神权和王权通常是融合在一起的，统治者往往通过宗教神权来加强和体现其王权，而行使宗教神权者也总是执掌王权的统治阶层。三星堆古蜀时代的宗教祭祀活动，便具有强化神权和王权统治的重要作用。学者们大都认为，高大的青铜立人像，头戴冠冕，身穿华服，形态尊贵，可能象征着古代至高无上的蜀王与大巫师。而其他众多的青铜人头像和人面像，个个气概英武，可能代表着周边各个部落杰出的首领，以及由他们组成的古蜀国统治阶层。显而易见，三星堆青铜人物雕像群显示的是类似于神的面容，体现的是人的精神。大型祭祀活动是团结凝聚古蜀国各部族各阶层的重要形式，其核心则是高度融合的神权和王权统治。

从第三层象征含义来讲，神奇的青铜纵目人面像，既有人的特点也有神与鬼的夸张，显示出了浓郁的图腾、神灵意味，象征的可能是古代蜀人的崇拜偶像。也就是说，在三星堆青铜人物雕像群中，并非千篇一律全都是祭祀者的象征，其中也有祭祀对象或神灵偶像的写照。在古代各民族心目中，崇拜的祖先神灵具有无上的法力，往往被神化并表现为具有人兽合一特征的偶像。青铜纵目人面像既有兽的某些特征，又有人的五官脸部造型，还有神灵的想象（额际卷云纹装饰），充分显示了象征含义上的复杂性和丰富性。它所代表的不是人的表情，而是神秘世界中某种神灵可能有的表情，所要产生的也不是亲切感而是恐惧感和震撼心灵的效果，从而使人们对这些神灵偶像产生发自内心的崇拜。

综上所述，三星堆青铜人物雕像群具有极其丰富的象征含义。其中有祭祀者的形象塑造，又有被祭祀的祖先神祇和神灵偶像。祭祀者中有

三星堆一号坑出土的青铜跪坐人像

雍容华贵气度非凡的蜀王和群巫之长，更有数量众多威武豪放的部族首领和群巫。它们既是群巫集团，又是古蜀国统治阶层的象征，是神权和王权的代表与化身。它们在规模宏大的祭祀场面中，很明显地占据着重要地位。它们向神灵偶像的崇拜祭祀，是为了得到祖先和众神的庇佑，加强神权和王权的影响和统治。这些精美非凡的青铜群像，向我们展现的不仅是一个令人叹为观止的祭祀场面，更是古蜀人间王国和神秘世界精彩生动的画面。

三星堆通天神树

如果说三星堆青铜雕像群表现的是古蜀国盛大的祭祀活动场面，那么三星堆青铜神树展示的就是古代蜀人神奇的通天观念了。在古代蜀人绚丽多彩的精神世界里，人神交往这一主题观念，始终占据着显著的地位，青铜雕像群表现的祭祀场面便贯注了人神交往的象征含义，青铜通天神树更是人神交往观念的精彩体现。

无论是在中国考古史上，还是在世界的重大考古发现中，三星堆古蜀遗址出土的青铜神树，都称得上是一件绝无仅有极其奇妙的器物。当我们面对青铜神树，惊叹之后常会引起这样的思考：古代蜀人采用极其高超的青铜工艺和造型艺术铸造的这件充满了神奇想象力的青铜神树，究竟是做什么用的呢？在我国古籍中，神树通常都被描述得极其神奇，是日月出没的场所和沟通宇宙的象征。东方的扶桑、中央的建木和西方的若木，便是古代传说中的三棵神树。

先看扶桑，又称扶木，《山海经·海外东经》说"汤谷上有扶桑，十日所浴，在黑齿北。居水中，有大木，九日居下枝，一日居上枝"。《山海经·大荒东经》也说"汤谷上有扶木，一日方

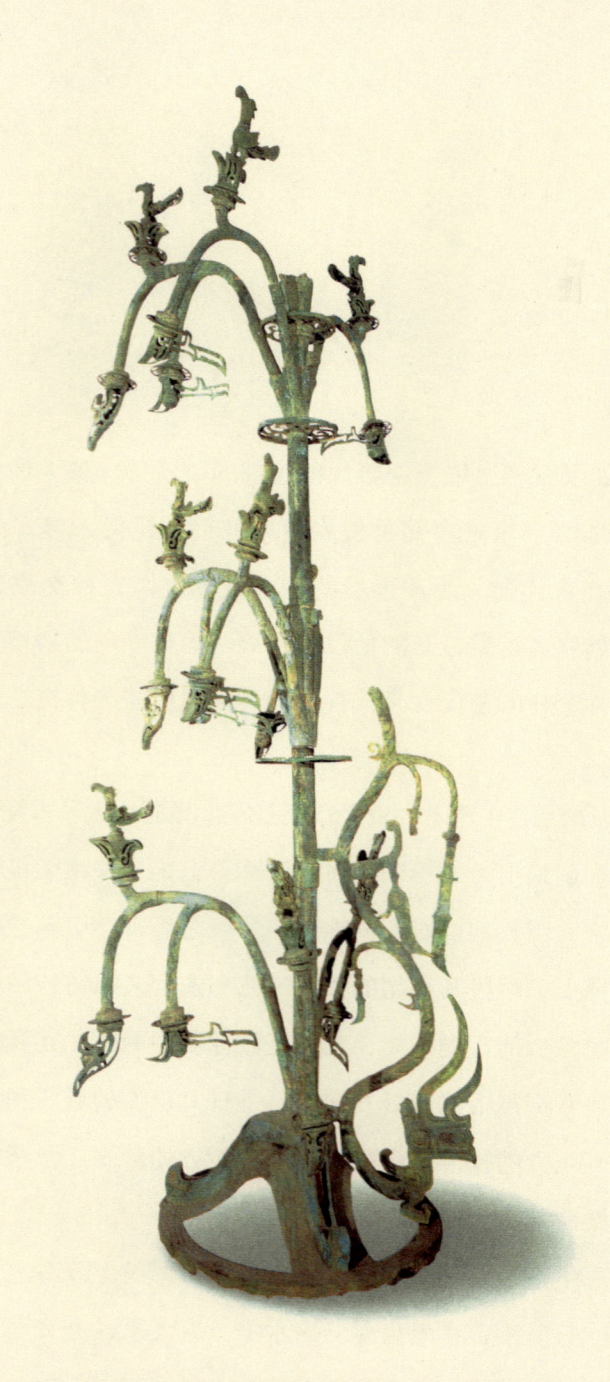

三星堆二号坑出土的体现人神交往观念的青铜通天神树

至，一日方出，皆载于鸟"。《文选·思玄赋》注引《十洲记》则描述它"叶似桑树，长数千丈，大二十围"。由此可知，扶桑是古代传说中的生长在东方一棵极高的太阳神树，是每天早晨太阳神鸟升起并准备飞翔时盘桓的地方。据我国远古神话传说，天上的太阳共有十个，都是帝俊与羲和的儿子，扶桑下面的汤谷也就是羲和浴日的场所。羲和所生的十个太阳每天轮流升起，每当一个太阳由东向西运行的时候，其余九个太阳就栖息在扶桑的树枝上。这大概是世界上最富有想象力的太阳神话了，同时也充分显示了中国古代先民们关于神与鸟的神奇联想。

其次若木，《山海经·海内经》说"南海之外，黑水青水之间，有木名曰若木，若水出焉"。《水经注》卷三十六引用古本记载称若木是"生昆仑山西附西极"的一棵神树，《文选·月赋》注引古本《山海经》则称若木为"日之所入处"。由此可知传说中若木生长的地点是在遥远的西方，是西极的一棵太阳神树，为日入之处，是太阳下山的地方。也就是说，每天早晨太阳从东方扶桑神树上升起，到了晚上太阳便落在西方若木神树上，这充分表现了东方神话中关于太阳神树的丰富想象。值得注意的是《海内经》与《大荒西经》都提到了若木附近有一座灵山，是"十巫从此升降，百药爱在"的场所，透露了太阳神树和灵山与原始巫教的关系，而这似乎正是古代蜀人"人神交往"观念的体现。

再者是建木，《山海经·海内经》说"南海之内，黑水青水之间……有九丘，以水络之……有木，青叶，紫茎，玄华，黄实，名曰建木，百仞无枝，上有九㭞，下有九枸，其实如麻，其叶如芒。大皞爰过，黄帝所为"。《山海经·海内南经》则说它"其状如牛，引之有皮，若缨、黄蛇。其叶如罗，其实如栾，其木若苤（qiū，即刺榆树），其名曰建木"。可知传说中的建木是一棵盘根错节极其茂盛的通天神树，它拔地而起，直上九霄，长满了层层叠叠的果实和树叶。所说的大皞，也就是庖羲，或称伏羲，是先民们传说中的上古帝王。黄帝是我们比较熟悉的一位远古伟大人物，是新石器时代中华民族的部落联盟领袖，也是东方神话传说中的宇宙最高统治者。"黄帝所为"就是说他为先民们造作了这棵称为建木的通天神树，更显示了建木的非同凡响，在先民的心目中占有特殊的神圣地位。

建木这棵通天神树究竟是做什么的？位于什么地方？《淮南子·地形训》对此有一段很好的说明："建木在都广，众帝所自上下，日中无景，呼而无响，盖天地之中也。"那么位于天地之中的都广，究竟指的是哪里呢？据《山海经·海内经》记述是在"西南黑水之间，有都广之野"，这里有膏腴的土壤、温润的气候、丰饶的五谷、茂盛的草木和众多的鸟兽，与古代成都平原的情形极为相似。蒙文通经过深入的考证和研究后认为，"天下之中"是指今四川西部地区，"都广即是广都，今四川双流县，在四川西部"[①]。《太平御览》引《蜀王本纪》说"蜀王本治广都樊乡，徙居成都"[②]。说明广都不仅是古蜀蚕丛、杜宇的瞿上城所在之地，也是开明王朝前期建都的地方。而称为建木的通天神树，就出自于古蜀王国的都广之野。至于《海内经》所说的九丘，则很可能是古蜀时代与蜀族结盟的西南各部族所居之处。

关于古人传说中建木这棵通天神树的用途，《淮南子·地形训》中

[①] 参见蒙文通《巴蜀古史论述》第162—163页，四川人民出版社，1981年8月第1版。
[②] 参见蒙文通《巴蜀古史论述》第163页注①，刘琳《华阳国志校注》第187页注〔八〕。

说"众帝所自上下"，意即众神由此上下天庭，可见建木是一座神奇的天梯。《山海经》中虽然讲述了许多奇异的神树，但作为天梯象征的只有位于天地之中的建木这棵通天神树。传说中的上古帝王庖羲，就是通过建木这座天梯而登上天界的。此外，远古神话传说中的昆仑也是一座可以登天的天梯，还有灵山也是群巫们往来于神人之间的天梯。这也显示了远古时代神话传说的一个特色，登天亦必循阶而登，所以便有了天梯的神奇想象，不像后来的神话传说中神仙可以腾云驾雾翱翔云天那么任意。

从地域上看，建木位于古蜀国都广之野，灵山很可能也在古蜀国范围之内，与岷山有关。西方的昆仑也离岷山不远，可知关于天梯的神话传说与古代蜀人有着十分密切的关系，具有浓郁的古蜀特色。如从更加广阔的范围来看，世界其他民族也有天梯的想象，西亚两河流域的古代巴比伦人曾企望建造一座通天神塔，《圣经》中称之为"巴别塔"，赫胥黎《进化论与伦理学》中则记述了杰克顺着豆秆上爬直达天堂的故事。这些都反映了远古时代先民对世界与宇宙的认识，及其自然崇拜观念和丰富的想象力。

现在让我们再来看三星堆神奇的青铜神树，它那高大茂盛直冲云霄的形状，以及栖息在树枝上栩栩如生的神鸟，不就是传说中那棵活灵活现的扶桑神树吗？青铜神树分为三层，树枝上共栖息着九只神鸟，显然正是"九日居下枝"的写照，出土时已断裂尚未复原的顶部，推测还应有象征"一日居上枝"的一只神鸟，同时出土的人首鸟身像或者立在花蕾上的铜鸟也许就是吧。青铜神树上的九只神鸟都长着鹰喙与杜鹃的身子，这种具有复合特征的神鸟大概就是古代蜀人心目中太阳精魂日中金

三星堆二号坑出土的小型青铜神树，底座有跪坐的青铜小人像

乌的形象，这与后来汉代画像"日中踆乌"的形态不同，应是最初的太阳神鸟原型，具有浓郁的古蜀特色。值得注意的是青铜神树的底部，圆形圈足上有山丘一样隆起的底座，使我们很容易联想到《山海经》中所述供群巫从此升降的灵山。而灵山位于若木附近，两者有着密切的关系，或许这棵底座铸成灵山形状的青铜神树又具有西方太阳神树若木的象征。二号坑出土的另一件小型青铜神树，在底座隆起的山丘旁，三面都有跪着的小铜人，分明就是升降于天地之间的巫师，清楚地显示了青铜神树的丰富内涵，说明青铜神树具有比单纯的太阳神话更绚丽复杂的含义。

三星堆青铜神树显然是一棵具有复合特征的通天神树，它不仅是神话传说中扶桑与若木的象征，而且也是天地之中建木的生动写照。那繁茂的树枝、花朵及果实，不就是"玄华，黄实，名曰建木"的缩影吗？那条攀缘在青铜神树之上尾在上头朝下的神龙，也有巧妙而丰富的含义，应是一条自天而降的神龙。既然神龙能从天上经过神树而来到人间，古籍记述中经常乘龙而行的众神自然也能通过神树上天下地，自由地往来于天上人间。由此可见，青铜神树不仅与太阳神话有着密切关系，同时也奇妙地展现了"建木在都广，众帝所自上下"的情景。古代蜀人制作的这棵具有丰富象征含义的青铜神树，也可以说是古代蜀人神树崇拜观念的一种形象体现。在古代蜀人的心目中，这个世界是非常广阔的，他们认为在世俗世界之上还有一个未知的神灵们居住的天上世界。所以想象力极其丰富的古代蜀人便设想了一棵通天神树，作为沟通世俗世界与天上虚幻世界的天梯。

古代蜀人又将通天神树的奇异想象和盛行于东方世界的太阳神话结

合在一起，运用高超的雕塑造型技艺和娴熟的青铜铸造技术，创造了这棵具有复合特征和丰富内涵的青铜神树。在古蜀国盛大的祭祀场面中，这棵青铜神树很可能被摆放在中央最显著的地方，作为沟通人神往来的重要体现。正因为有了这棵青铜神树，古代蜀人便拥有了一种精神追求和信仰崇拜的象征，在以后漫长的历史岁月里，又有了更进一步的发展。古代蜀人希望有一座登天之梯，能和众神们往来，而众神们居住的天堂是一个长生不老的美妙世界，后来在岷山之域的鹤鸣山中创教立派的道家或许吸纳并发扬了这些观念，并由此而形成了本土宗教。由此可知，岷山之域成为道教发源的祖庭，并不是一种偶然的现象。

如果作更深入的探讨，三星堆出土的青铜神树，也可以说是古蜀时代的一棵宇宙树。在科学尚不发达的古代，天圆地方曾是先民们对世界和宇宙的一种朴素认识。古代蜀人的宇宙观与世界观中，也同样具有这种朴素的认识，青铜神树作为顶天立地硕大无比的宇宙树象征，便是这种朴素认识的一种形象展示。

在世界各地的宗教或民间信仰中，几乎无一例外地都有所谓的"宇宙树"（Cosmic Tree）或"世界树"，通常都以高大无比、通天入地为重要特征，而且几乎都位于世界的中央，并位于高峻的山上。[①]例如古印度、古埃及和早期美索不达米亚等地区，都有宇宙树的信仰和神话传说。在北欧的神话中，整个宇宙也是以一棵通天入地的巨树为中心发展而成的，它位于阿斯加德的山上，此山乃众神的居所。中国古代《山海

---

① 参见芮传明、余太山《中西纹饰比较》第231页、第239页，上海古籍出版社，1995年11月第1版。

经》中记述的建木，庞大无比，上通天庭，并位于天地之中，可见亦是一棵典型的通天宇宙树。关于"天下之中"，本是先民们心目中对"世界中心"或"宇宙中心"的一种认识。正如《荀子·大略》所说"故王者必居天下之中"，中原地区是殷商的天下之中，而古蜀王国则将都广之野成都平原视为自己的天下之中。三星堆古蜀遗址出土的青铜神树，作为建木通天神树的象征，显而易见也是一棵无与伦比的宇宙树，它不仅形象地显示了古代蜀人对宇宙与世界的认识和想象，更是古代蜀人精神观念的一种体现和张扬。

传说中的黄帝像

还有学者认为，建木具有图腾柱的特征，并与古人对日影的观察有关。闻一多就认为"直立如建表，故曰'建木'，表所以测日影，故曰'日中无影'"[①]。萧兵也认为古人"往往用高山、大树等为坐标，测量太阳的相对位置以计时"，扶桑和若木"就是从测量太阳相对位置的

---

① 参见闻一多《天问疏证》第42页，生活·读书·新知三联书店。

'标杆'生长起来的所谓'太阳神树'"。[①]陆思贤认为建木是棵多元复合体的神树,具有显著的图腾柱特征,"其状如牛,引之有皮,若缨、黄蛇",说明牛头与龙蛇都是图腾柱上的重要装饰;"大暤爰过,黄帝所为",说明大暤、黄帝也本源于图腾柱上的图腾神;图腾柱作为氏族的象征,首先是为了满足一个氏族共同崇拜与信仰上的需要,但当图腾柱具有立杆测影的意义以后,方位神、节令神、岁神等,都能在图腾柱上找到解释的依据,图腾神也就升格为各种天神。[②]

总之,三星堆出土的青铜神树,形象地显示了古代蜀人对现实世界的认识,也生动地表达了古代蜀人对虚幻世界的想象。它是古蜀王国盛大祭祀活动中的通天神树,也是古代蜀人将远古神话传说变为形象之物的一棵无与伦比的宇宙树。值得我们特别注意的是,根据文献考证和出土资料的印证,《山海经》中许多神话传说显示的南方地域特色,说明通天神树的传说很可能肇始于古蜀,然后才流传到中原和其他地区的。蒙文通先生就指出,《世本》和《竹书纪年》《五帝德》《帝系姓》《史记》等书都产生于中原地区,代表的是中原文化传统的说法,而《山海经》则是流传于巴蜀地域、代表巴蜀文化传统的古籍。[③]三星堆青铜神树便是古蜀神话传说的独特产物,迄今我们尚未在其他区域文明中有类似的考古发现,这充分说明青铜神树是具有浓郁古蜀特色的崇拜象征。

[①] 参见萧兵《楚辞的文化破译》第137—138页,湖北人民出版社,1991年11月第1版。
[②] 参见陆思贤《神话考古》第10页、181页,文物出版社,1995年12月第1版。
[③] 参见蒙文通《巴蜀古史论述》第153—154页、183页,四川人民出版社,1981年8月第1版。

三星堆青铜神树所代表的肇始于古蜀的通天神树传说和神树崇拜观念曾对西南地区的少数民族产生过重要而深远的影响。20世纪80年代末，在位于雅砻江下游古代"南方丝绸之路"川滇走廊上的四川盐源县境内，考古工作者在清理战国至西汉初的墓葬时收集到一批人兽纹青铜祭祀枝片。其造型与"摇钱树"枝酷似，但铸造工艺更为粗犷古朴。有学者认为它也是通天神树的象征，树端所立之人即为沟通天地的巫师，巫师牵引的双马双兽应是升天的坐骑，而枝端的璧形物可能代表太阳。

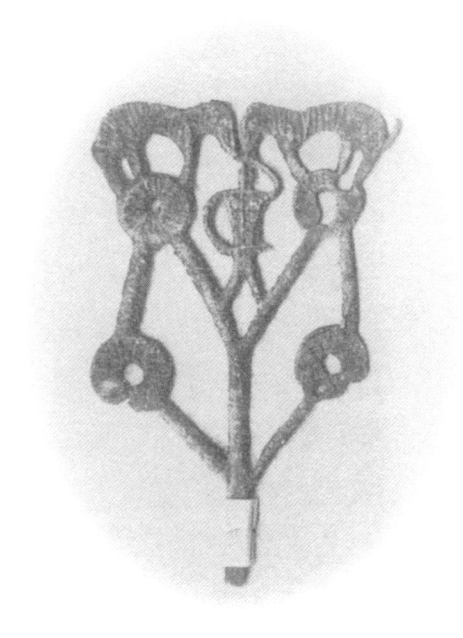

四川盐源出土的青铜枝片

我们知道，在古蜀时代，蜀族是古蜀国的主体民族，成都平原是其中心区域，而与蜀族结盟的其他部族则居于平原周缘地区。从考古学的角度或是用民族学和文化人类学的眼光来看，这些部族都受到过古蜀灿烂文化的影响。盐源县出土的青铜枝形器便是三星堆青铜神树流传到这里的部族的反映，同时流传到这儿的当然还有神树崇拜观念和绚丽多彩的太阳神话。而青铜枝形器上以写实性较强的马取代了夸张神奇的龙，枝端的璧形物也接近和类似于汉代摇钱树上的方孔圆钱，成为介于通天

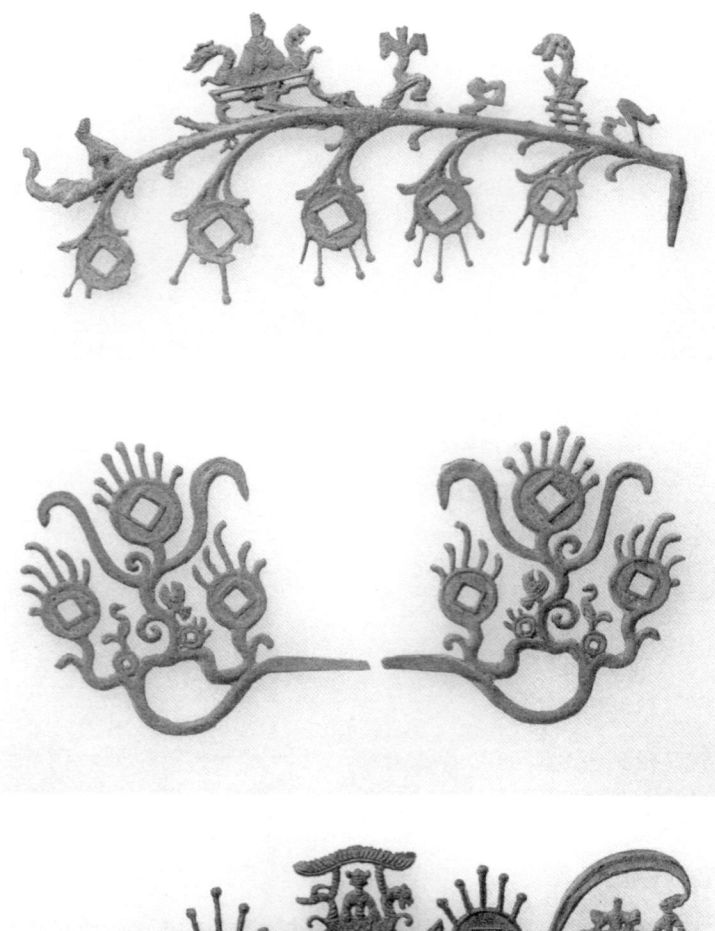

河南济源出土的汉代摇钱树（局部）

神树和摇钱树之间的一种过渡形态，说明具有浓郁古蜀特色的通天神树观念在传播中已逐渐发生了一些新的演变。

三星堆时期灿烂的古蜀文明虽然在商周之际就湮没了，但三星堆青铜神树非同凡响的影响和魅力，历经商周春秋之后，在中华文明日趋统一的汉代依然显露出浓郁的流风余韵。其影响并不仅仅限于巴、蜀和西南地区，也流传到中原和其他地区。1969年河南济源县西汉晚期墓中出土有一棵陶制的树木，底部分成三个支权，树干上部有九个分枝，各分枝上有猿、鸟或蝉，树的顶部蹲着一只禽鸟，穹窿状

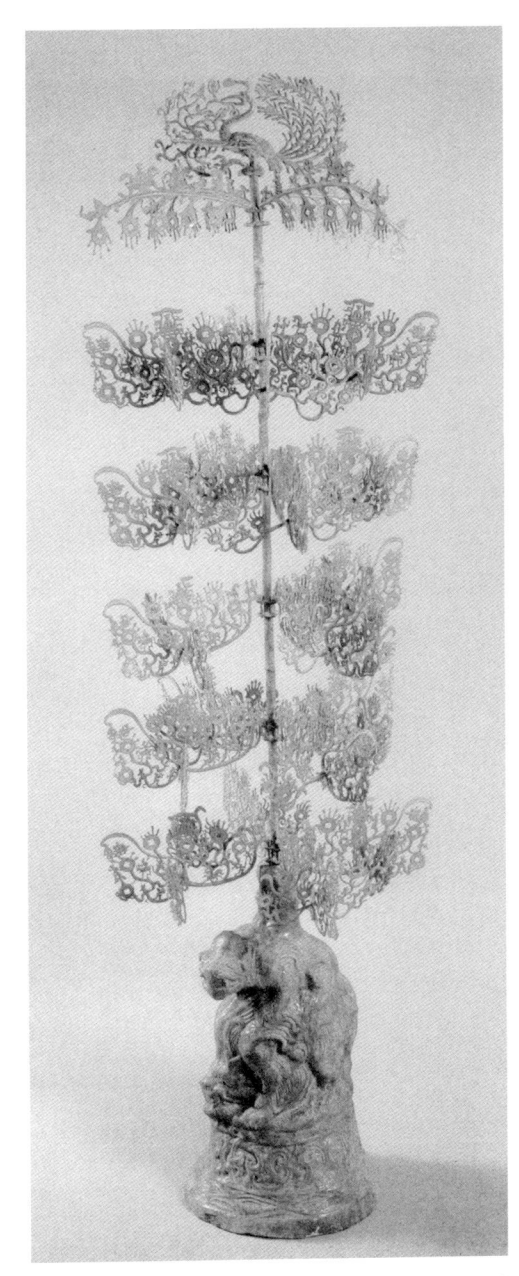

河南济源出土的汉代摇钱树

的底座有三个裸体屈腿席地而坐的人。郭沫若认为这棵树是扶桑木或桃都树。[1]有学者认为是宇宙树建木的模型。[2]如果我们将这棵陶树同三星堆青铜神树联系起来看,无论是其造型和内涵,都清楚地显示了古蜀通天神树观念的影响和演变。我们由此也可知三星堆青铜神树影响的广泛和深远。

---

[1] 参见郭沫若《出土文物二三事》第49—50页,人民出版社,1973年10月第2版。
[2] 参见芮传明、余太山《中西纹饰比较》第254页,上海古籍出版社,1995年11月第1版。

太阳神话的反映

在人类历史上，由于太阳和自然万物的密切关系，远古时代先民们就有了太阳崇拜的观念，世界各民族都流传着绚丽多彩的太阳神话。

古希腊神话中，阿波罗是众所周知的太阳神，是宙斯和女神勒托的儿子，而宙斯是众神领袖与最高神祇。据学者们考证，对太阳神阿波罗的崇拜起源于远古时代的小亚细亚，大约在迈锡尼时期传入希腊，后来传入罗马。古希腊人和古罗马人曾塑造了许多阿波罗雕像，最古老的阿波罗形象是位体型端庄匀称、长发无须、风度翩翩的裸体少年，采用典型的拟人化手法，将神话传说中的阿波罗塑造成了一位极富人格魅力的神灵。古希腊神话传说中的其他神灵，也大都是有血有肉有情感的化身。

在中国远古时代的许多神话传说中，同样显示出拟人化的浓郁特色，比如创世神话、西王母神话，以及涉及各部族起源的图腾神话等。这一特色越往后世越为明显，竟与西方神话传说有异曲同工之妙。但相同之外毕竟又有许多的不同，东西方区域文明的差异必然将在各自的精神世界中折射出来。中国的十日神话便是一个具有典型意义的很好说明。根据《山海经》中的记述，十日

四川新都出土的汉代画像砖上的日轮金乌图

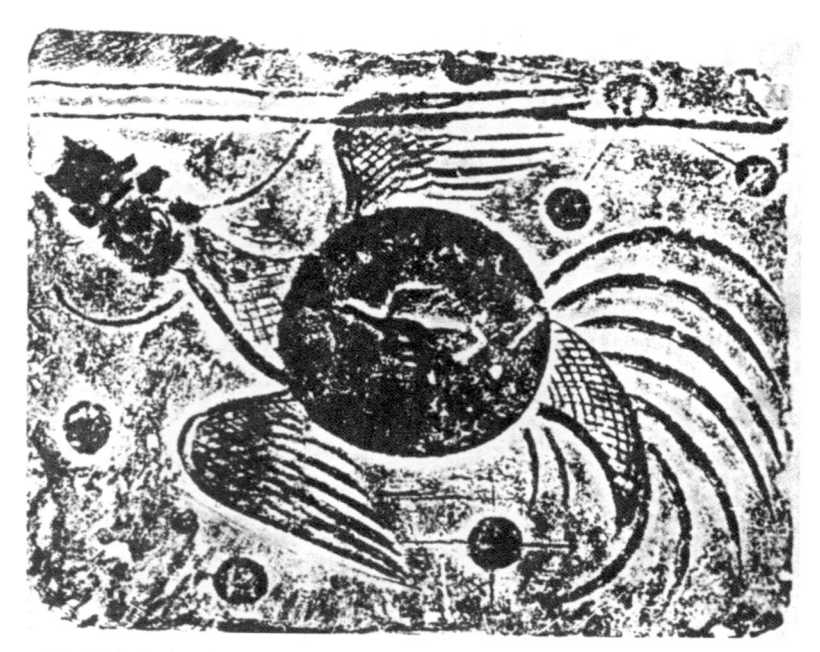

四川邛崃出土的汉代画像砖上的日轮金乌图

神话中的十个太阳是帝俊与羲和的儿子，说明他们同阿波罗一样具有人的特征，同时又具有神性。

帝俊的身份如同宙斯，是东方的天帝，亦有多位妻子，与羲和生十日，和常羲生十二月，同娥皇生三身之国，此外还有许多后裔，构成了一个帝俊神话传说的体系。值得注意的是，帝俊神话中显示出了相当浓郁的南方地域特色。如果说中原传世文献中记述的黄帝是黄河流域远古先民心目中掌管天庭和人间的最高统治者，那么《山海经》中的帝俊就是中国南方文化系统中主宰宇宙和世界的天帝了。但两种神话体系又相互交错和吸纳附会。例如《大荒西经》说"帝俊妻常羲"，《世本》说"帝喾下妃，娶訾氏之女，曰常仪"，所以有学者认为帝俊就是帝喾。又如后稷在黄帝神话体系中是西方民族奉祀的农神，《大戴礼记·帝系篇》中说"帝喾上妃姜嫄氏产后稷"，而在帝俊神话体系中《山海经·大荒西经》同样有"帝俊生后稷，稷降以百谷"的记述。《海内经》还记载了"西南黑水之间，有都广之野，后稷葬焉"，无疑又透露了帝俊神话与古蜀先民的关系。

另一个非常值得注意的是帝俊神话与神鸟的关系。《山海经》中帝俊之裔大都有"使四鸟"的记述，而据《大荒东经》和《大荒西经》所记，有鸾凤之类的五彩鸟，既是帝俊之友又为帝俊守护神坛，有着非同寻常的关系。实际上，帝俊也就是南方文化系统中玄鸟的化身。古代殷商也同样有"天命玄鸟，降而生商"的传说。这同样显示了南方与北方两个神话系统的相互交错与吸纳附会。

其实，远古时代中国许多地方都有鸟的神话传说，以及将鸟作为部族图腾，殷商与古蜀于此最为典型和显著。而远古时代的鸟图腾与鸟的

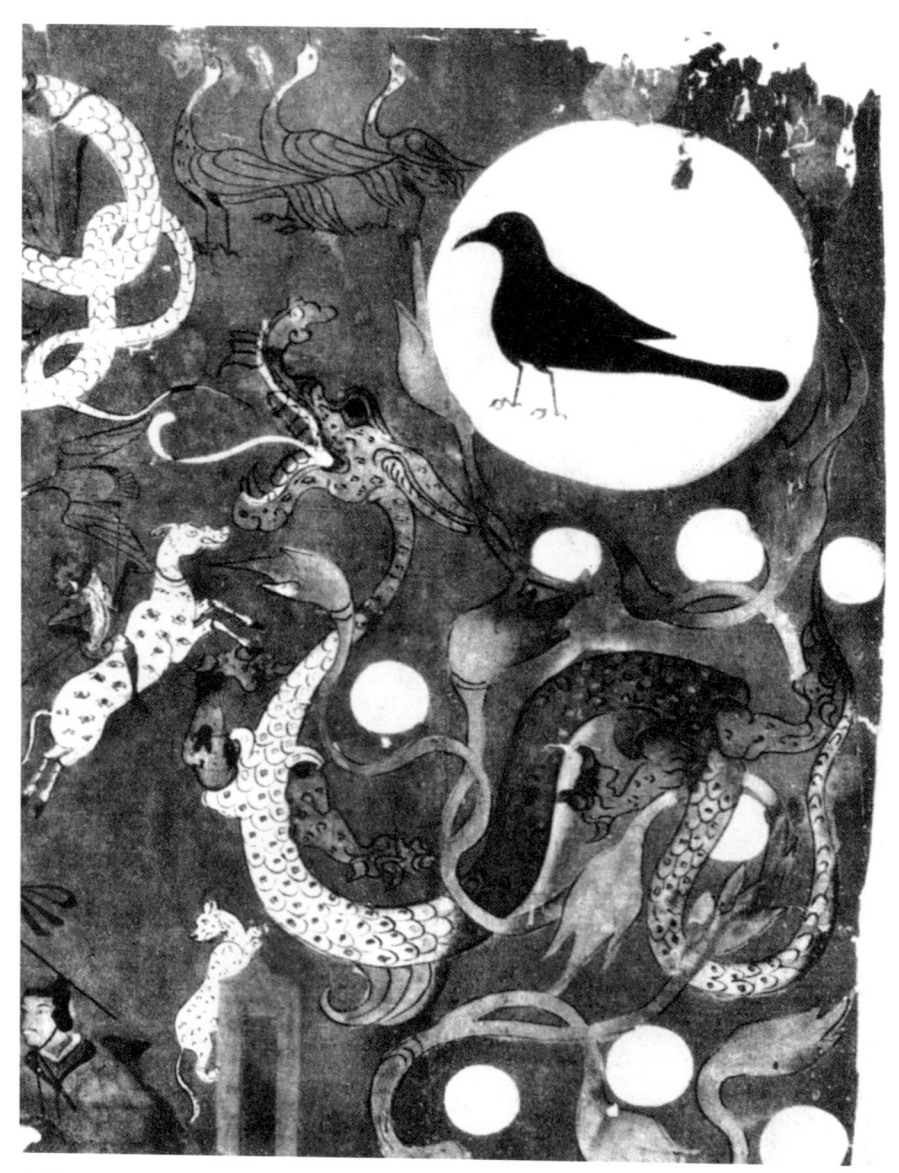

湖南长沙马王堆汉墓出土的彩绘帛画上画有金乌的太阳

神话传说，又通常与太阳崇拜和太阳神话有着极其密切的关系。古蜀在这方面尤为突出，《山海经》中的有关记述和三星堆考古发现，便是最好的说明。

帝俊作为南方神话系统中玄鸟的化身，所以帝俊的子裔都和神奇的鸟儿结下了不解之缘。比起那些奉神鸟为部族图腾和有"使四鸟"传说的帝俊凡间子裔来说，帝俊与羲和生的儿子就更为神奇了，他们是天上的十个太阳，既有人与神的特征，又是金乌的化身，是长有三足的踆乌，会飞翔的太阳神鸟。我们在大量的汉代画像石上，在长沙马王堆汉墓出土的帛画上，都可以看到画有金乌的太阳，便是十日神话广为流传的形象写照。

三星堆出土的青铜神树，作为古蜀国盛大祭祀活动中的通天神树，在树枝上铸出了"九日居下枝，一日居上枝"的太阳神鸟

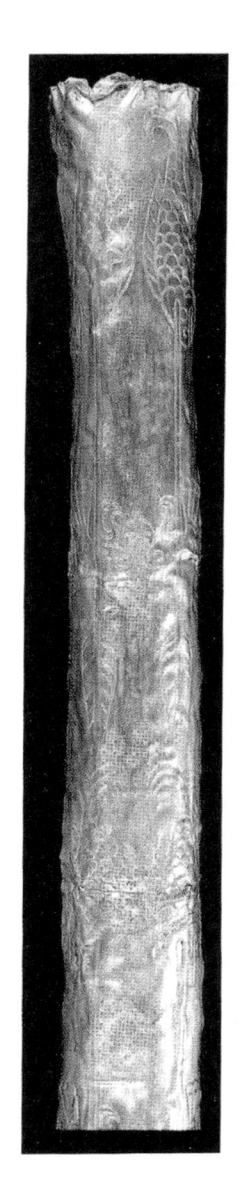

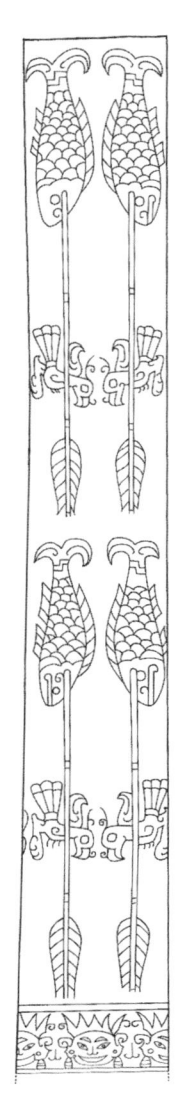

三星堆一号坑出土的金杖及图案

三星堆二号坑出土的青铜人首鸟身像,是古代蜀人的绝妙创造。

的生动造型，形象地展现了与太阳神话的密切关系。同时出土的还有许多神奇的青铜鸟造型，千姿百态，丰富多彩。一号坑出土的金杖平雕纹饰图案中，也有两对被箭穿颈的鸟，形态与青铜神树上的神鸟相似，说明它们既有鸟图腾的含义，同样也与太阳神话关系密切。

值得注意的是，三星堆出土的众多禽鸟图像中以凤鸟为最多，而凤鸟又是从玄鸟演化来的。这些鸟多为钩喙圆眼，形似鱼鹰，它们既是代表太阳和光明的金乌或踆乌，是来往于人神之间的精灵，又是古蜀氏族部族的标志和崇奉的象征。正如殷商有崇拜鸟的信仰并将玄鸟奉为始祖一样，古蜀的柏灌、鱼凫、杜宇显然也都是崇拜鸟的。三星堆考古发现便充分说明了凤鸟与太阳鸟在古代蜀人心中的特殊地位。

如果将《山海经》中记述的帝俊神话体系，与三星堆古蜀遗址的考古发现结合起来看，可知古蜀时代的南方部族既然大都是帝俊的子裔，而帝俊又是南方神话系统中十个太阳的父亲与玄鸟的化身，所以便有了自成体系的十日神话以及与之密切相关的鸟崇拜观念。而三星堆古蜀遗址出土的青铜神树与众多的铜鸟造型，便是十日神话和鸟崇拜观念的形象展现。显而易见，这种自成体系的十日神话和浓郁的鸟崇拜观念，并非来于殷商和东夷，而具有古蜀的特色，金杖上的鱼鸟图案以及神奇诡异的人面鸟身像，便是极好的印证。

三星堆二号坑出土的人首鸟身像，造型极其神异，面部与其他青铜造像风格一致，亦为戴面罩的形态，方面大眼高鼻阔口，头上戴着奇异的冠并有额饰（已脱落），其身子则为鸟身凤尾，宽长的翅羽上下卷曲，而尾羽则好似孔雀开屏，粗腿尖爪站立于枝头花果之上。值得注意的是人首鸟身像胸前的双圆圈图案，活脱是一个圆日的形状。如此奇

彩陶上的太阳纹

异的造型，在考古史上是从未有过的发现，堪称古代蜀人的绝妙创造。青铜神树上的铜鸟为"九日居下枝"的写照，人首鸟身像应是"一日居上枝"的那只太阳神鸟。它那奇异的鸟身和羽翅，说明它是禽鸟中的精灵，是凤鸟和金乌的化身，而戴面罩的人首造型则显示出它具有神与人的特征。它那外凸的眼球和弯长的兽耳，又具有作为古蜀各部族祖先神灵象征的青铜纵目人面像的特征，表明它在古蜀盛大的祭祀活动中占有突出的地位，也是古蜀各部族崇拜的重要对象。其实，它就是古代蜀人运用丰富的想象力和高超的青铜铸造技艺，精心塑造的太阳神形象。它同青铜神树一样，具有复合特征和丰富的内涵，显示了浓郁的古蜀特色。三星堆出土的青铜神坛上层，亦有人首鸟身像，对此也是一个很好的印证，很可能具有相同的含义。

三星堆青铜人首鸟身像胸前的圆日图案，很容易使我们联想到从考古中发现的远古先民们留下的太阳符号。在黄河下游大汶口文化遗址出土的陶器上，如山东莒县陵阳河出土的陶尊，就发现刻有一个用圆圈表示的太阳，圆日下面是火焰云气纹和耸峙着的山峰，此后又多次发现圆日与火焰云气纹的刻画图像。有学者认为这是最古老的象形陶尊文字，表示原始时代的"日出而作,日入而息"。前一个字(☉)表示太阳在火焰般的云霞中升起,后一个字(☉)表示太阳伴随着火焰般的云霞从山顶上落下去。这说明先民们对太阳运动天象有所观察,形象地摹画了日出之景与日落之景,并反映了远古时代已有"寅宾出日"与"寅饯纳日"的祭仪。①在黄河上游辛店文化类型的彩陶上,也发现有较多的太阳纹和圆日图像。此外,我们在各地远古时代遗留下来的崖画上,也能看到大量的太阳图像,展示了先民们丰富多彩的有关太阳的观察、感受、想象、尊崇和敬畏、祈祷与祭祀,以及赋予原始宗教含义的各种形象摹画和艺术表现。

三星堆二号坑出土的青铜太阳轮形器

人类从新石器时代过渡到农牧定居阶段以后,原始宗教的重心便从狩猎巫术和图腾崇拜转向了自然崇拜。而在各种自然现象中,对人类生

---

① 参见邵望平《远古文明的火花——陶尊上的文字》,载《文物》1978年第9期。

活和思想影响最大的便是太阳,所以各部族各文化区域都不约而同产生了对太阳的崇拜。有学者认为,产生太阳崇拜有两个最重要的原因,一是太阳为农业丰产的主要赐予者,二是社会分化使氏族部落中的贵族阶层自名为太阳神的后裔。结合三星堆考古发现来看,古蜀国此时农业已相当发达,青铜文明高度繁荣,社会各阶层也有了明显的分化,精神世界更是绚丽多彩,太阳神话与太阳崇拜观念也顺理成章呈现出空前昌盛的情形。除了形象展示十日神话的青铜神树和铜鸟,三星堆还出土了许多与太阳神话和太阳崇拜观念有密切关系的器物,比如青铜太阳轮形器、圆日形状的青铜菱形眼形器、有圆日图像的青铜圆形挂饰,神殿屋盖上的圆日图像等。

关于考古发现的太阳图案与太阳纹饰,先民们最初描绘的大都是写实的圆日形状。而由于想象和观察的差异,不同区域先民们摹画的圆日形状并不完全一样。有的为一个圆圈,有的为双圆圈或多圆圈,有的圆

三星堆二号坑出土的青铜菱形眼形器

圈内还画有一黑点，有的在圆圈周边画出了光芒，还有的画为半圆形如朝阳初升状。最奇妙的是人面形太阳神形象，采用拟人化与抽象化的手法，将太阳的人格化和人的太阳化巧妙地糅合在一起。三星堆金杖图案中的人面形象，那圆日形的脸与光芒状的头冠显然也是人面形太阳神的写照。青铜人首鸟身像胸前的圆日图像，应是对太阳的如实摹画。青铜太阳轮形器中间的圆凸形与周围呈放射状的五芒以及芒外的圆晕圈，则是采用双圆圈形式对太阳的形象表现。此外还有大量的青铜菱形器，中间的圆凸形很明显也是圆日形状，四角有供祭祀装饰安装使用的穿孔，发掘整理者曾将它们称之为"铜菱形眼形器"，而有学者曾指出"原始思维每以'眼睛'为太阳的意象或象征"。[1]由此可见这些青铜菱形器即使给人以好像眼睛的感觉，其表现的依然是太阳的意象或象征。它们都是古蜀太阳崇拜观念的产物，是祭祀活动中用以表现太阳崇拜观念的重要装饰器物。

让我们想象一下，古蜀国盛大的祭祀场面装饰着如此众多的圆日图像，加上与太阳神话密切相关的丰富多彩的造型器物，势必造成强烈的震撼，给人以无比神奇的感受。而这显然正是古代蜀人大量创造使用它们所希望达到的一种祭祀效果。

在太阳神话的起源和流传过程中，我们还应提到射日的神话传说。帝俊与羲和所生的十个太阳轮流运行，为世界带来了光明和温暖。如果十日并出，便会造成灾难。由于太阳是金乌的化身，在久旱不雨的远古时代，先民们便有了射日的想象。从传世文献看，《庄子·齐物论》已

---

[1] 参见萧兵《楚辞的文化破译》第81页，湖北人民出版社，1991年11月第1版。

有"昔者十日并出，万物皆照"（郭璞引文作"草木焦枯"）的记述。东汉王充《论衡·感虚篇》中说："儒者传书言，尧之时，十日并出，万物焦枯，尧上射十日，九日去，一日常出。"而刘安《淮南子·本经训》中则说"尧之时十日并出，焦禾稼，杀草木，而民无所食"，尧乃使羿射十日，中其九日，日中乌尽死，于是天下又恢复了正常，"万民皆喜，置尧以为天子"。由这些记述可知，尧与羿都是古代传说中射日的英雄，而羿射日的神话传说在后来流传得更为广泛。

据袁珂考证指出，"关于射日除害神话，初本有两种民间传说，一属之尧，一属之羿。属之羿者更占优势，后人乃于古本《淮南子》'尧乃'下增'使羿'二字，以为今本状态，于是尧射日之神话遂泯，羿射日之神话独昌焉"。[①]我们在汉代画像石画像砖上，便能看到表现神话传说中羿射日的画面。画像砖上刻有一棵高大葱郁的扶桑太阳神树，以栖息在上面的金乌象征九日，羿在树下弯弓射日，姿态极其神武。如果说起源于远古时代的太阳神话反

河南南阳出土的汉代画像砖上的射日图

---

① 参见袁珂《山海经校注》（增补修订本）第310页，巴蜀书社，1993年4月第1版。

映的是先民们对宇宙的一种想象和认识，那么射日的传说透露的则是战胜自然灾害的强烈愿望了，而这正是华夏先民们精神世界中的一大鲜明特色。

　　射日神话与南方神话系统有着极其密切的关系，根据《山海经》等有关记述来看，很可能就是南方神话系统的产物。《海内经》中说"帝俊赐羿彤弓素矰，以扶下国，羿是始去恤下地之百艰"。蒙文通曾指出，《海内经》可能是出于古蜀国的作品。由此可知，帝俊与羿同古蜀国自然有着非同寻常的关系。属于帝俊神话体系的羿的传说，很可能源起于古蜀国，而后在长江流域和许多地区都有了广泛的流传。古蜀国与周边区域自然都在射日神话广为流传的范围之内。三星堆出土金杖上有羽箭穿过鸟颈的图案，会不会就是射日神话的一种反映呢？尽管这只是一种分析和猜测，但金杖图案已形象地透露了古蜀国制造使用羽箭的信

广西花山岩画中的英雄崇拜

息，思维活跃、富于创造力的古蜀先民们因之而产生射日的想象和传说，也是很自然的事情。

三星堆考古发现告诉我们，古蜀时代绚丽多彩的太阳神话，应是古代蜀人生活与精神观念的精彩反映，并通过造型艺术给予了充分的展示。如果说三星堆出土的太阳神鸟和通天神树显示了古代蜀人崇拜观念中丰富多彩的内涵，那么射日的神话传说则透露出这种崇拜观念的发展和演变，在昌盛的太阳崇拜和通天神树崇拜之外还盛行着英雄崇拜。射日神话的目的就在于突出射日英雄，也可以说是对上古人民大无畏精神的一种张扬。三星堆出土金杖图案中那四支贯穿鱼鸟的利箭，便洋溢着强烈的大无畏精神，给人以英雄豪放之感。而这种英雄豪放的气概，更是三星堆青铜造像群的显著风格，是古蜀国的能工巧匠们着意塑造表现的一种精神面貌。这些都显示了英雄崇拜观念的盛行，和射日神话所要表现的英雄精神可以说是完全一致的。由此再看金杖图案中那表情豪放欢快的人面像，会不会就是无往而不胜的射日英雄的写照呢？有不少学者认为，射日的羿也就是中国的阿波罗太阳神。[1]

总而言之，古代蜀人的精神观念有着极其丰富的内涵。三星堆考古发现所揭示的太阳崇拜观念和太阳神话传说，以及神树崇拜等，都是其中最为重要的组成部分。

---

[1]　参见唐憼《我国上古的太阳神》，《中国神话》第一集第232—234页，中国民间文艺出版社，1987年6月第1版。

昌盛的泛灵崇拜

三星堆出土的大量珍贵文物中，各种动物造型占了相当的比例，透露出它们与古代蜀人世俗生活和精神观念的密切关系。除了千姿百态的铜鸟，特别引人注目的还有龙、虎、蚕的造型，同样具有异常丰富的内涵。

先看三星堆出土的龙，最具代表性的便是青铜神树上那条姿态矫健、造型生动的神龙，其次是青铜柱形器上长有羊的弯角和胡须、作昂首啸吼状的神龙，此外还有铜龙头形饰件，以及青铜龙虎尊上以高浮雕铸成的游龙。而在纹饰方面则有大量的夔龙纹，在装饰造型上极具神奇飞扬之态，给人以强烈的奇异之感，由此使人产生丰富的联想。

学者们通常认为图腾是原始民族的一种宗教信仰，龙凤虎蚕等动物造型在最初阶段便是作为图腾形象出现的。按照弗洛伊德的说法，图腾多半是一种动物，与整个宗族有着某种奇特的关系。岑家梧曾指出："详细地考察古代世界各民族的神话传说与遗留物品，任何民族，都可发现图腾制的痕迹。"[1] 何星亮也认为"图

---

① 参见岑家梧《图腾艺术史》第5页，学林出版社，1986年8月第1版。

红山文化玉龙　　　　　　　　良渚文化龙首玉镯

腾文化是人类早期的混沌未分的一种文化现象","图腾文化包罗众多的文化因素,与后来的许多文化现象具有渊源关系"。①从考古发现看,中国黄河流域和长江流域都出土有丰富的图腾文化遗存,尤其是各种图腾纹饰,在彩陶上和各类青铜器上呈现出多姿多彩的情形。在中国原始图腾文化中占据主流地位的龙凤虎蚕等图腾形象,后来逐渐演变成为中华民族喜爱的象征和吉祥物。其中尤以龙的影响最大,在宗教、政治、文学、艺术等各个领域都充当着重要角色。

作为华夏族最早的标志,龙形图徽的出现可追溯到距今6000多年前。在河南濮阳西水坡仰韶文化遗址就发现了用蚌壳摆成的龙形图像,

---

① 参见何星亮《中国图腾文化》第22—23页,中国社会科学出版社,1992年11月第1版。

龙昂首曲颈、弓身长尾，前爪爬后爪蹬，状似腾飞。在湖北焦墩遗址也发现了用卵石块摆成的巨龙图像，其形态亦为昂首长尾作飞腾状，是一条长4.6米、高2.2米的巨龙，时间距今约5000到6000年间。五千多年前的辽宁和内蒙红山文化遗址则发现了玉猪龙和玉龙，浙江余杭瑶山良渚文化遗址也出土了龙首玉镯，距今4500多年的山西陶寺文化遗址出土的彩陶盘中发现有彩绘的盘龙图像。这些众多的考古发现，充分说明了华夏族中龙的观念由来已久，龙形图像的出现和演变与华夏族的形成和发展具有密切的关系。中国各地考古发现的殷商时期的龙形图像就更多了，不仅呈现为玉石琢制的各种龙形，而且越来越多地出现在了青铜器物上，并被记录在了甲骨文和金文中。

红山文化玉猪龙

　　从传世文献看，亦有大量关于龙的记载。《山海经》中就记述了神奇的应龙为黄帝所使而杀蚩尤与夸父，并记述了奇异的烛龙、鸟身龙首神、人面龙身神、夏后乘两龙、南公祝融兽身人面乘两龙等。《归藏·启筮》有"鲧死化为黄龙"之说，《楚辞·天问》有"应龙何

《山海经》中乘两龙的祝融

画"，《拾遗记》等还有黄龙协助大禹治水的记述。这些记述说明，上溯黄帝时期，已有龙的神话传说，在夏代已经形成了龙的观念形态，并已成为华夏各部族共同信仰的崇拜物。值得注意的是，《山海经》中有"夏后乘两龙"及其他众多"乘龙而行"的记述，《大戴礼记·五帝德》中亦有"颛顼乘龙而至四海"的说法，《楚辞·离骚》中则有"乘玉虬""驾飞龙"的叙述，古代占筮之书《周易》亦有"飞龙在天"和"见龙在田"的解释，《韩非子·说难》也说"夫龙之为虫，可狎而骑也"，可知骑龙腾空升天在古代是广为流传的一种想象和传说。龙形图像已不仅是远古时代的一种图腾标识，同时也是巫师和古代帝王之类权威人物沟通人神之间关系的神物象征，而到后世则进一步演化成为代表人间社会至尊皇帝的神化形象。

　　正因为龙在中国各民族人们的心目中占有极其重要的地位，所以龙也在中国政治权威的崛起中起着重要的作用。在众多的图腾神中，龙成为至上神，受到最高的崇拜。而其中"乘龙"腾空升天的观念，不仅显示了先民们对龙图腾神由来已久的崇拜，更体现了其沟通天地的愿望和对乘龙自由往来于天地之间的想象。从另一层含义看，龙既然是沟通天地的使者，自然要担负起引导或负载人的灵魂升天的任务。新石器时代的原龙纹便大多带有引导墓主人灵魂升天的含义，商代以降的龙纹亦继承了这一古老含义。学者们认为，河南濮阳西水坡仰韶文化遗址墓葬中的蚌塑龙形图像，便是当时人们埋葬墓主人举行巫术仪式的场景，体现了死后灵魂乘龙升天的思想。浙江余杭良渚文化遗址出土的大型玉琮上

四川新都出土的汉代画像砖上的驾飞龙图

浙江余杭出土的良渚文化大型玉琮浮雕神人兽面纹

浮雕的"神人兽面纹",亦是先民乘骑神兽通天观念的形象化表述。湖南长沙子弹库楚墓出土的帛画"人物驭龙图",更是乘龙引魂升天的生动写照。在出土的大量汉代画像石画像砖上,有许多仙人乘龙和驭龙驾车在天空飞行的神奇画面,显然也是先秦神人乘龙观念的流传。

由此可知,在先民的观念中,龙是一种奇异的神物,既是图腾形象又是共同信仰的崇拜物,同时还是沟通人神之间关系的象征。三星堆青铜神树上的神龙,便是这种观念的形象体现。它造型生动,姿态矫健,与华夏族的龙形象有许多相同之处,同时又显示出了古蜀时代浓郁的风格特色。从传世文献记载看，黄帝娶西陵氏女嫘祖为正妃，又为儿子昌意与蜀山氏联姻，大禹兴起于西羌，曾在蜀地导山治水，可见古代蜀人接受龙的观念是非常自然的，并用造型艺术给予了充分的发挥。它那游动的身躯，飞扬的羽翅，有力的爪牙，圆睁的大眼，显得多么夸张而又神奇，出色地体现了自由自在飞升遨游于天地之间的内涵。可以说，这也是古代蜀人天人合一观念的一种展示。神龙尾在上头朝下，神采奕奕而无狰狞之态，沿着通天神树从天上众神的世界来到了人间，这既是一条充满想象力和潇洒奔放的神龙，又是一条为人间社会带来美好希望的神龙。无论就精美造型还是高大形态而言，都堪称是青铜时代的杰作。

三星堆一号坑出土的青铜爬龙柱形器，也是一件具有浓郁古蜀特色的非常神奇的器物。整个器物高41厘米，宽18.8厘米，由器身和爬龙两部分组成。器身为上大下小的圆柱形，器壁一侧有卷尾向上的夔龙纹饰件。在器顶上铸有昂首站立的爬龙，身尾垂于器壁，后爪紧抱器身，前爪粗壮如虎，显得威武有力，昂起的龙头怒目张牙做啸吼状，最为奇异的是龙头上有一对弯长的巨耳、羊的弯角和羊的胡须。这件青铜爬龙，虽然身子细圆，但奇异的龙头和孔武的前爪则给人以威风凛凛之感，同青铜神树上的神龙相比，展示了古代蜀人对龙的形态丰富多样的想象，是精心塑造的另一种造型风格的神龙。有学者认为，这是一条长着羊头的神龙。我们知道，相传禹兴于西羌，蜀族与古羌也有着密切的关系，而羌、姜均从"羊"，羊头神龙便形象地体现了这种丰富的内涵。关于这件青铜爬龙柱形器的用途，是一个耐人寻味的问题。从其造型、尺寸与下端缺口圆孔看，很可能是安装在木棍或圆竹之类置放于宗庙或祭坛上使用的祭祀用品，也有可能是巫师在祈祷或作法时双手执掌的法器。

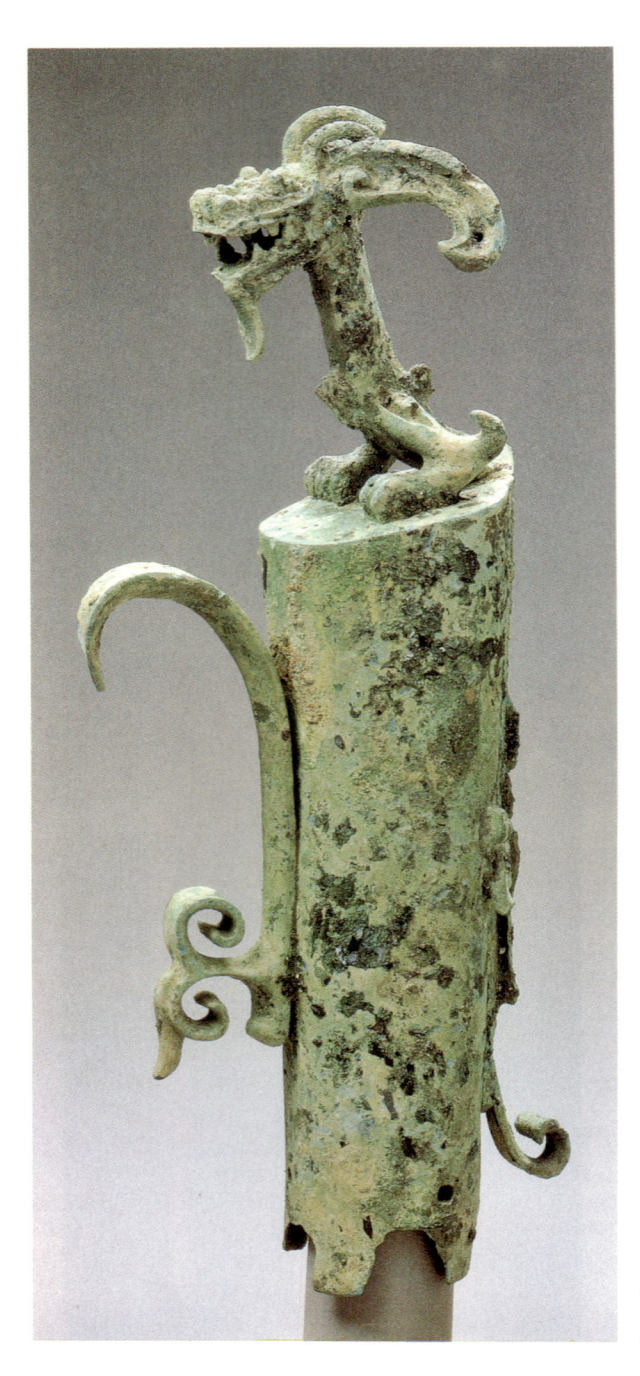

三星堆一号坑出土青铜爬龙柱形器，给人以强烈的奇异之感。

如果说青铜神树上的神龙是沟通天地与人神关系的象征，那么青铜爬龙柱形器则是古代蜀人龙图腾观念的又一种形象展现，它们都有丰富的内涵，在古蜀国盛大的祭祀活动中都是重要的祭祀对象和祭祀用品。

对这件神奇的青铜爬龙柱形器，学者们还提出了一些新颖的解释和看法。有认为这条爬龙应是《山海经》中"烛龙"的造型，而柱形器则具有图腾柱的性质，或是由图腾树演化而来的图腾崇拜孑遗。有认为爬龙柱形器是夏初的族标，属于王族分封的册命礼器。还有认为青铜爬龙柱形器上那条"烛龙之身，用是蚕身"，是集烛龙、羊、蚕、虎等古羌与蜀族曾拥有过的多种图腾于一体的复合图腾象征。这些看法，均不失为一家之言，但也有不少值得商榷之处。

蚕与古蜀的密切关系，由来已久。从文献记述和考古资料看，中国的蚕桑文化可上溯至新石器时代晚期，可谓源远流长。而古蜀是中国蚕

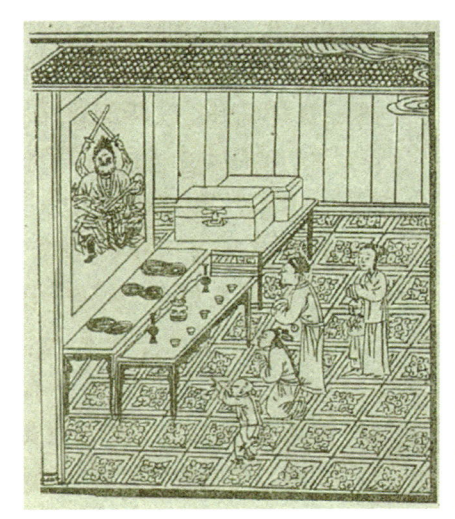

民间传说中的青衣神以及古代蜀地的祭祀习俗

桑文化的重要发祥地之一,则是不争的事实。传说最早发明育蚕技术的就是黄帝的正妃嫘祖。古本《淮南子》引《蚕经》中就有"黄帝元妃西陵氏始蚕"之说,所以《纲鉴易知录》中说嫘祖"始教民育蚕,治丝茧以供衣服……故后祀为先蚕"。此外,古代蜀地曾长期流传着"蚕马"与蚕女马头娘的传说。《山海经·海外北经》有"欧丝之野在大踵东,一女子跪据树欧丝"的记述,《太平广记》卷四百七十九引《原化传拾遗》则说"蚕女旧迹,今在广汉"。古代蜀地还有祭祀青衣神的传统习俗,据记载,青衣神便是教人养蚕的蚕丛氏。一些古籍还记述了蜀地每

民间传说中的蚕母娘娘

年春天都有热闹的蚕市，这些由来已久的习俗，不仅说明了蚕丛教民养蚕的影响，也展示了自蚕丛以来古蜀蚕桑丝绸业的兴旺发达。

蚕丛是古蜀历史上一个重要时代，古蜀先民由氏族部落而建立王国就是从蚕丛开始的。我们知道，蜀山氏是文献记载中古代蜀族最早的名称，是黄帝时代的一个重要部族。蜀山氏转变为蚕丛氏，其年代大概在颛顼时代，而颛顼原名高阳，是黄帝的孙子。正因为蚕丛氏上承蜀山氏，所以建国称王之后仍以蜀作为国号，以后的历代蜀王也都继承了这一传统，袭蜀名而不改，保持了蜀的称号。学术界通常认为，古代的巴与蜀分别是以蛇和蚕作为图腾的两个部族。《说文》解释蜀字，就是"葵（桑）中蚕"的意思，说明这与古代蜀人很早就发明和驯养桑蚕有关。因为植桑养蚕促使了蜀族的兴旺发展，所以蚕成了古代蜀人敬奉的图腾，而且以含"桑中蚕"之意的蜀字作为族名。

从考古发现看，古代蜀人有着丰富多样的图腾观念，这与古蜀泛灵崇拜思想有着很大的关系，也与古蜀族和古蜀王国的起源形成和演进发展密切相关。比如三星堆出土的鱼、鸟、蛇、龙、虎、羊，以及树和山等，都有图腾的含义。但对蚕图腾的敬奉，无疑是古蜀族历史上占据主导地位的一种图腾观念。极具象形意义的"蜀"字，便是这一图腾观念的充分概括和生动体现。秦汉之前，"蜀"字已见于殷墟甲骨文，说明这时殷人也采用了这一对蜀族的称呼。

在造型艺术方面，古代蜀人的这一图腾观念也有生动形象的体现。由于早期蜀族是由岷江流域和西南地区部落间融合形成的民族，并接受了华夏族的诸多影响，因而在图腾形象方面表现出丰富多样兼容并存的情形。蚕图腾形象往往和龙图腾形象、虎图腾形象相互融合，或合二为一，整合在一起。这也可能是古代蜀人在多种图腾观念兼容并存情形下，在造型艺术表现方面给予了富有想象力的发挥。其目的也可能是为了取长补短，将蚕的可敬可亲，同龙的神异和虎的威猛综合在一起，以追求更加典型、富有强烈震撼力的艺术效果。三星堆考古发现告诉我们，古代蜀人在造型艺术方面特别喜欢写实与夸张相结合的手法，运用得极其娴熟高超，比如千姿百态的青铜造像群以及生动奇异的各种青铜鸟，可谓达到了出神入化的境界。龙虎蚕的图腾形象，也同样体现了这种风格，给人们以内涵丰富的神奇之感。

其实在古人的观念意识中，龙与蚕是可以转化的。《管子·水地》就说："龙生于水，被五色而游，故神，欲小则化为蚕蠋，欲大则藏于天下。"《荀子·蚕赋》也称蚕"其状屡化如神，功被天下为万世文"，唐代杨倞注文说"故蚕书曰蚕为龙精"。《山海经》中更有大量关于多种图腾组合形象的记述，如人面鸟身、人面龙身、人面虎身、龙首人身、龙首鸟身等，这些怪异的形象其实都是组合图腾的展示，是各地部落氏族丰富多彩的图腾象征。以此来看三星堆青铜爬龙柱形器，其羊角龙首蚕身的神奇形态，显然就是古代蜀人对多种图腾形象兼容并存，以及龙与蚕可以相互转化观念的一种造型体现。类似的情形也表现在蚕与虎的组合图腾造型上，例如三星堆出土的金虎形饰，就兼具虎与蚕的特征，其虎身显然就是一弯曲的蚕体。还有三星堆出土的青铜龙虎尊上用高浮雕方法塑造的虎首也长着蚕身，兼具虎与蚕的特征，而且造型构图表现为虎头双蚕身，更是充满了神奇的想象，展示出古代蜀人富有特色的图腾观念和极强的艺术魅力。

从图腾文化研究的角度看，世界上各民族崇奉多种图腾的现象并不

三星堆一号坑出土的金虎

鲜见，通常以其中一个为主要图腾，其余则为次要图腾。比如河南濮阳西水坡仰韶文化遗址墓葬中，就既有蚌壳摆塑的龙图案，又有虎图案，显示了墓主人部族既崇龙又崇虎的图腾观念，透露了新石器时代南北文化的相互碰撞和吸纳，以及游牧文化与农业文化的整合。三星堆考古发现向我们揭示了古蜀时代同样有主要图腾和次要图腾，同样展现出多种文化的兼容和整合。

在古代蜀人的图腾观念中，对虎的崇拜显然也占有很重要的地位，三星堆出土的金虎、青铜虎，以及造型生动的青铜龙虎尊，对此便是一个很好的例证。巴人也是崇虎的部族，称为白虎之后。考古发现的巴族器物中大都有虎纹装饰，在巴族墓葬中出土有虎纽錞于，在不少地方出土有巴式虎纹图形青铜戈。彝族也流行虎崇拜，以黑为尊，崇奉的是黑虎图腾。《山海经·海外北经》说"有兽焉，状如虎，名曰罗罗"。而彝族称虎为罗，自称为罗罗，可知《山海经》中所说青虎罗罗即指彝族的虎图腾。有学者认为，古蜀人曾是古彝人的先民，《史记·三代世表》正义就说"蚕丛国破，子孙居姚、巂等处"，而古蜀祭祀青衣神说明有尚青的习俗，可知古蜀族崇尚的很可能也是黑虎图腾，与巴族的白虎图腾不同。三星堆出土的青铜虎遍体嵌饰绿松石，显然就是崇奉黑虎图腾的写照。

三星堆遗址出土的青铜虎，遍体嵌饰有绿松石。

其实，无论从人类学、民族学或考古学的角度看，崇拜虎或以虎为图腾的部族部落，在整个人类的原始时期是相当普遍的，这与先民们的狩猎活动和生存环境显然有着很重要的关系。而由于族系的不同和心理习俗等方面的差异，即使同样是崇拜虎和以虎为图腾，也显示出了不同的特色，从而形成了或宗白虎、或祖黑虎的情形。值得注意的是，虎崇

三星堆一号坑出土的青铜龙虎尊

拜在北起甘青南抵滇黔的整个横断山区各部落中是一种普遍现象，尤其是在这一地区占据主导地位出自古氐羌系的西南各部族，白虎崇拜或黑虎崇拜最为盛行。这对西南诸族文化乃至整个华夏文化，都产生了极为重大的影响。

综上所述，可知古代蜀人崇奉的蚕图腾、虎图腾和龙图腾都由来已久，在古蜀族丰富多样的图腾观念中呈现出兼容并存的状态。对蚕的崇拜可能是古蜀族最悠久的传统，但在黄帝族和夏禹族的龙图腾、古氐羌系各部族的虎图腾的强大影响下，古蜀族的蚕图腾也吸纳了龙虎图腾文化，并在造型艺术上通过想象发挥而融化整合在一起，创作出了具有丰富内涵和鲜明古蜀特色的龙、虎形象。值得指出的是，三星堆时期古蜀族的图腾崇拜已由盛而衰，占据主导地位的则是千姿百态的青铜造像群、具有多种复合特征和象征含义的青铜神树以及绚丽多彩的太阳神话等，说明古蜀国已由早期图腾崇拜阶段进入了更加发达昌盛的青铜文明时代。盛大的祭祀活动，已成为古蜀国神权和王权日益强化的展示和体现。

繁荣的社会生活

考古发现告诉我们,三星堆时期古蜀王国已经有了在神权和王权统治下秩序井然的社会分工,已经形成了不同阶层和明显的阶级分化。可以说,古蜀王国主要是由蜀王和巫师集团、王公贵族与广大平民组成的。执掌最高权力的蜀王和主持日常各类祭祀活动的巫师集团,以及王公贵族们,是古蜀王国的统治阶层。他们统治着整个古蜀王国,掌握着各种权力,享有和支配着整个社会创造的财富。广大平民阶层则分布在古蜀王国的各个领域,从事农业生产和其他各类生产,如畜牧养殖、渔猎、商贸、陶器制作、青铜器冶铸、玉石器和金器加工、蚕桑纺织、修筑城墙堤坝

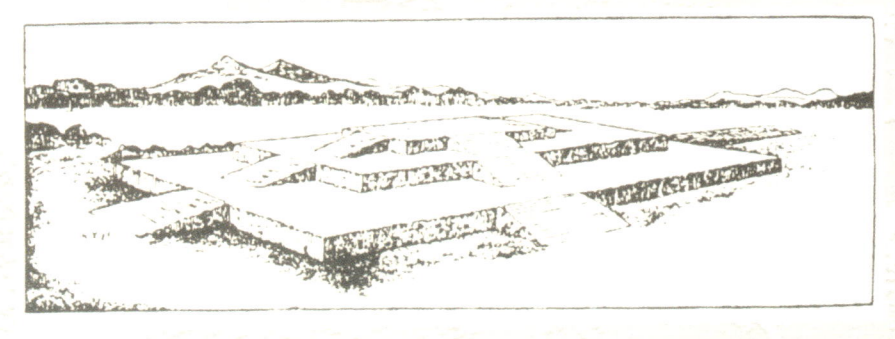

成都羊子山土台遗址(想象复原图)

祭坛和房舍，以及作为统治者的仆役等。

由于古蜀王国是由蜀族为主体部族，联盟周边其他兄弟部族形成的王国，所以在社会生活方面有别于中原和其他地区，具有浓郁的古蜀特色。三星堆出土的青铜造像群，便形象地表现了古蜀族与兄弟部族盟会的情形，而这种盟会又是通过盛大的祭祀活动形式来体现的。高大的青铜立人像象征着蜀王和群巫之长，众多的青铜人头像则代表着各部族首领，它们戴面具的形态又兼具巫师之职。从青铜造像群的数量来看，古蜀王国的联盟部落是很多的，所以王国的统治领域也相当宽广。正如《华阳国志·蜀志》所说，古蜀国"其地东接于巴，南接于越，北与秦分，西奄峨嶓"，足见古蜀王国地域的广阔。古蜀王国的能工巧匠们铸造了众多的青铜造像以代表和蜀族联盟的兄弟部族首领，不仅形象地表现了盟会情形，还在盛大的祭祀活动中或被供奉于宗庙之中作为神权和王权的象征，而且也贯注了团结一致的含义。可以推想，在这种历史背景下，古蜀国各部族之间的关系是比较融洽的，往来也是比较密切的。这对于古蜀国经济文化方面的发展，无疑发挥了促进作用。

古蜀王国虽然已进入了繁荣的青铜文明时代，但带有巫教色彩的祭祀活动在社会生活中仍占据着主导地位。由于缺少原始文字记载，我们不知道古蜀王国是否像中原殷商王朝一样举行频繁的卜筮活动，但三星堆出土遗物告诉我们，古蜀国的祭祀活动不仅内涵无比丰富，而且规模宏大、形式多样。考古发现揭示的古蜀国祭祀内容有：祭祀神灵、祭祀祖先、祭祀神树、祭祀神山、祭祀太阳、祭祀亡魂、祭祀图腾、祭祀鬼神和各种自然神等。如此丰富的祭祀内容是不可能在一次祭祀活动中完成的，客观地看，古蜀国很可能是在不同的时间和地点经常举行不同内

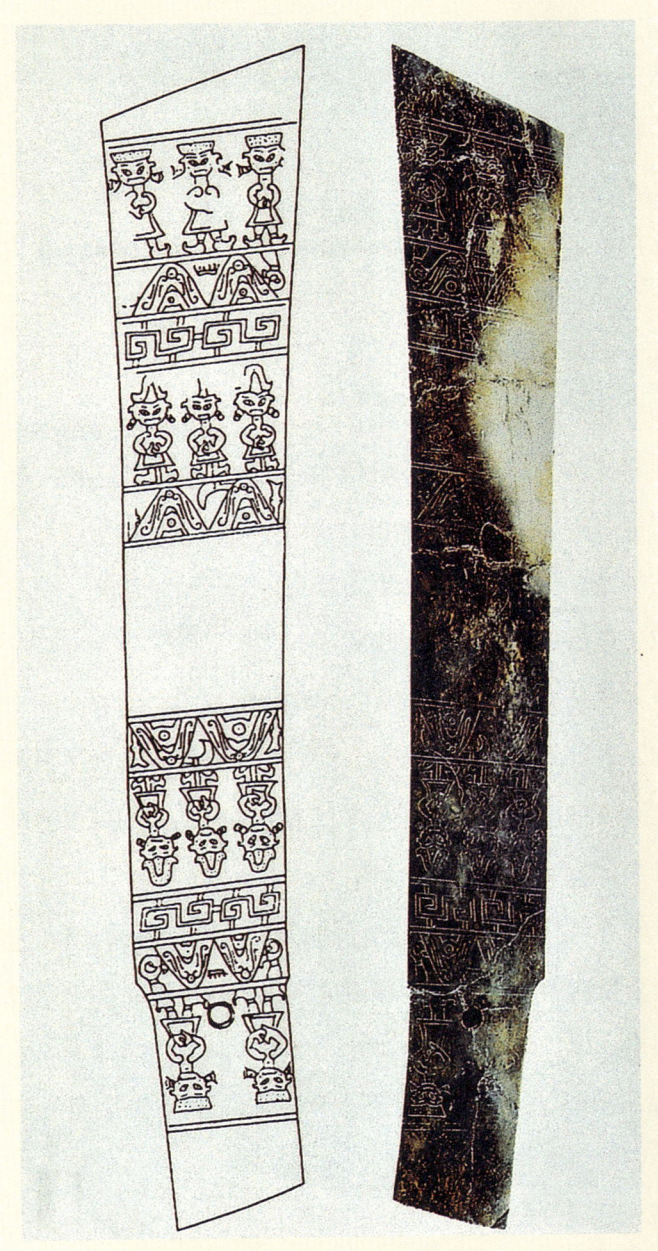

三星堆二号坑出土的玉璋与图案

容的祭祀活动。在这些祭祀活动中，参加者一定众多，而巫师则是祭祀活动中最活跃也是最耀眼的人物。

古蜀王国的巫师是一个特殊的阶层，在古蜀时代社会生活中扮演着奉祀鬼神、沟通天地、祭祀祖先、卜筮吉凶、主持丧葬的重要角色。他们以群巫之长蜀王为首，掌握着古蜀王国意识形态的控制权，也掌握着社会财富的支配权。他们通过规模宏大、形式多样的祭祀活动，以维护神的权威，强化统治者的政治权力。这在古蜀王国的聚合模式与统治形式上，显然是传统久远而很有成效的一种手段。晚于三星堆时期的成都羊子山土台就是一座用于宗教祭祀的礼仪建筑，而三星堆遗址出土的大批青铜器、金器、玉石器等宝贵财富都集中用于祭祀活动，更充分显示出宗教神权的统治地位。在祭祀形式上，三星堆尚未发现有像殷商王朝那样残酷杀奴殉祭的情形，显示了古蜀祭祀活动温和的特点。这显然与古蜀王国联盟各部族和谐相处有关，同时也透露了古蜀群巫集团对广大平民阶层具有更大的蒙蔽性和号召力，这也是有世袭制度保障的古蜀国长治久安的一个重要原因。

由于古蜀王国群巫集团的特殊地位和作用，以及各种盛大祭祀活动的频繁举行，整个王国的玉石器加工、青铜器铸造、金器制作等，都是围绕着祭祀活动而进行的。也可以说，古蜀王国集中了众多的手工作坊和大量的能工巧匠，其制作和生产的目的，都是为张扬和强化神权服务。甚至连远程商贸获得的海贝，也都成了奉献给神权的祭品。这对我们认识三星堆时期古蜀王国的生产资料的占有、生产力的支配和使用、生产的方式和性质，均具有重要的意义。世界上许多古老的文明，如古埃及文明、古希腊文明、古印度文明、两河流域美索不达米亚古代文明，在起源和发展历程上都与原始宗教和神权有着千丝万缕的关系，展示了人类文明发展史的某些共性。三星堆古蜀文明也一样，但在共性之外更展现了许多与众不同的鲜明特色。在服务于神权的制作和加工中，充分展现了古代蜀人的聪明才智和丰富的想象力，其在青铜器、玉石器和金器方面都创作出许多非凡的杰作，在东方文明史上谱写了灿烂的篇章。

三星堆考古发现的手工作坊，以加工玉石器为主，分布在三星堆古城内外，显示了这一行业的兴旺和繁荣。古蜀王国的玉石器加工十分发达，与经常举行祭祀活动需要大量玉石制作的礼器和祭品密切相关。遗留下来的玉石器数量极其可观，而且种类繁多。揭开三星堆遗址考古发现序幕，就是从发现玉石器开始的。

三星堆遗址出土的玉琮

三星堆二号坑出土的玉璧

三星堆一号坑出土的玉戈

当地居民燕道诚于1931年春偶然发现的大小璧形石环即有数十件，还有石璧、玉琮、玉圈、石珠等。此后半个多世纪在三星堆古蜀遗址共出土玉石礼器1000多件，其他石器数千件。一号坑出土玉器129件、石器70件，二号坑出土玉器486件、石器15件，种类有璋、戈、璧、琮、剑、凿、珠、管等。其中以璋为主的绝大多数玉石器都是祭祀用的礼器或祭品，另外有一些不同色彩质地的玉珠、玉管，用细绳可串联成玉项链之类，可能是供古蜀国王公贵族以显示华贵身份而穿戴使用的装饰品。加工这些种类繁多数量庞大质地精美的玉石器，需要多种工序相互配合。由于玉石坚硬，碾琢磨制雕刻均非易事，更需要相当数量的工匠在作坊里长时间劳作。玉石的开采和运输，也需要大量的人力。因而古蜀王国内玉石采集加工已形成一个专门行业，并有听命于蜀王的管理者，以及负责玉石器形制和图案装饰的设计者。

三星堆出土了数量庞大的陶片，在城区内外还发现了一些制陶窑址，反映了陶器与古代蜀人日常生活的密切关系，说明从事制陶行业的人员也应有可观的数目。

三星堆一号坑出土的玉佩

三星堆一号坑出土的玉戈

另一个非常重要的行业是青铜器铸造，从三星堆出土的大量青铜器物来看，应有大型的冶炼和铸造场所。这个行业也应有明确的分工和密切的合作，从采矿、运输、冶炼、制范到采用多种工艺铸造成千姿百态的青铜造像群和丰富多样的青铜器物，应有大量的人员从事于这个行业，其中有很多是经验丰富技艺高超的能工巧匠。出土的青铜造像群和青铜器物充分说明了古蜀国青铜冶铸业的高度发达，而这正是古蜀国时期经济文化繁荣发展的反映。

三星堆出土的陶罐

三星堆二号坑出土的铜铃

    与之相适应的还有其他一些发达的制作行业，比如金器的制作加工、丝绸棉麻的纺织和衣服的制作、农具和各种生产工具的制作、兵器的制作、日常生活用具和交换商品的制作、酒类的酿造等。这些行业的发达，我们都可以从大量的出土资料中得到印证。这就很清楚地表明，古蜀国时期手工业已从农业中分离出来，成为独立于农业之外的体系，形成了一大批专门从事各种手工制作的平民阶层，与从事农业生产和畜牧渔猎的劳动者在生产方式和生活情形等方面都有了很多不同。正是这种分化，促使了早期城邑的出现，加快了古蜀王国进入文明社会的步伐。

三星堆时期古代蜀人的服饰方面也显得异常丰富多彩，充分展示了纺织和服装制作行业的昌盛。从三星堆青铜造像群看，古代蜀人不仅有形式多样的冠帽和头饰，而且有华丽的衣裳和多种材料样式的服装，此外还有耳饰、手镯、足镯、项链之类的各种装饰品。这些采用丝、帛、麻布等材料制作而成的各类服装，反映了在三星堆古城里应有不少专门的纺织缝纫手工作坊，其中有为群巫集团和王公贵族等统治阶层服务的，也有为商人、士兵和广大平民阶层制作的。从事这个行业的工匠可能主要是女性，同样有管理者和比较明确的分工。统治阶层穿的服装，可能主要以丝绸为主，而广大平民阶层穿的则大都是葛麻之类的"蜀布"，与之相适应的则是蚕桑业的昌盛。1965年，成都百花潭中学十号墓出土了一件战国时代的铜壶，上面嵌铸的多幅图像中有采桑图，共有15人，显然是当时大规模种植桑田饲养家蚕场景的写照。而这种情形自然是由来已久，对了解三星堆时期蚕桑养殖情况具有重要的参考意义。

三星堆二号坑出土的铜铃

成都百花潭中学十号墓出土的铜壶上的纹饰图案

在成都平原许多古遗址都出土有纺轮，三星堆也出土有石制与陶制的各种纺轮。纺织技术的进步，必然促进丝绸服饰的发展。三星堆时期古代蜀人的服装，有华丽的王服外衣，又有内衣、中衣、长衣、短衣、对襟衣、絮服、甲衣、裙、裤等，头上所戴则有头巾、冠、盔、帽等，并有腰带和佩饰。我们由此可知，古蜀王国已经大致形成了一套服饰制度，有规格很高的祭祀活动中使用的礼仪服装、冠帽及装饰物，又有各个阶层穿用的衣裳饰物，还有行军作战使用的甲衣、头盔之类的戎装。这些形式多样的服饰，洋洋大观自成体系，显示了浓郁的古蜀特色，它不仅反映了当时经济发展的繁荣景象，也折射出古蜀整个社会风貌和精神状态。

建筑业在三星堆时期也相当发达，显示出很高的水平。三星堆古蜀遗址在历年的考古发掘中，曾发现有大量的房屋建筑遗迹，揭示了在城区内外分布着密集的居民区。有的房屋基址十分宽大，而且五六间连成一组，已超出一般居室的功能。尤其是城墙的修筑，更是气势宏伟工程浩大，联系到发达的手工业作坊和多次举行规模盛大的祭祀活动，则更充分反映了古蜀王国城市文明的发达。这个时期的古蜀文明，在政治、经济、文化、艺术等方面都高度繁荣，引人瞩目，形成了鲜明的特色，成为长江上游极其重要的文明中心。

三星堆出土的陶杯

　　随着手工业的兴旺，也必将带来商品贸易及交换的发展。三星堆古城作为古蜀王国的重要中心都邑，由于繁荣发达而声名远播。生活在这座城邑里的除了以蜀族为主的本地居民，可能经常还会有一些外来的族人。如鱼凫时代"从天堕，止朱提"的杜宇就并非土族，后来的鳖灵也是外来的荆人，杜宇"乃自立为蜀王，号曰望帝"，其后鳖灵也受禅让即位号曰开明帝，他们都对古蜀历史产生过重要影响。当然也有一些单纯为了获得生产工具和日用商品之类而来进行贸易及交换的外族，他们可能来自于联盟部落或周边部族，也可能来自于更加遥远的区域。他们也带来了一些古蜀国没有的东西，例如海贝之类，以及在青铜器和金器等制作工艺方面的一些外来文化成分。这充分说明了古蜀王国在经济文化上的开放性，使原本丰富多彩的社会生活更充满了活力。

　　从考古材料看，军事征战活动在古蜀王国可能很少进行，这与蜀族与联盟部落以及周边部族和睦相处有关。但三星堆出土的一些青铜戈，明显地可用于实战，说明古蜀王国建有军队，而且当时的兵器制造已有较高的水平和一定的规模，但军队的编制与规模则不得其详，恐很难用"强大"来形容。《尚书·牧誓》说蜀王曾派军队参加过武王灭纣的战争，三星堆青铜造像中有戴盔和穿甲衣的造型，都是古蜀王国建有军队的印证。其军事首领显然也属于统治者的行列。

　　古蜀王国的农副业也极其兴旺，从而提供了丰厚的社会经济基础。其主要特征是农产品的丰盛。从出土的大量陶器片看，种类甚多，有各

三星堆二号坑出土的青铜戈

种炊器、食器、饮器、酒器，还有大量的贮器，用于贮放粮食和食物之类。这些复杂的器形，也反映了食物的多样性。而大量的贮器，则反映了农业产量的富余。通过这些与古代蜀人饮食生活有着极其密切关系的大量陶器，我们可以了解到当时农作物的种类也是比较多的。据《山海经·海内经》所说"西南黑水之间，有都广之野，后稷葬焉。爰有膏菽、膏稻、膏黍、膏稷，百谷自生，冬夏播琴"。可知成都平原是物产丰饶之地，"膏菽、膏稻、膏黍、膏稷"即当时古蜀国的几种主要农作物。

古蜀王国的家畜饲养业也很发达，根据1996年对三星堆遗址进行的环境考古调查，经测量鉴定，出土的大量动物骨骼中以猪、牛、山羊骨骼为多，另外还有野兔等动物骨骼。三星堆出土的青铜尊，肩部铸有三羊头，出土的青铜罍肩外缘铸有四牛头，还出土有青铜水牛头和栩栩如生的青铜公鸡之类，这些都是古蜀国大量饲养家畜的印证。而牛羊的造型和残骸，则说明古蜀国的畜牧业也相当兴旺。考古资料告诉我们，新石器时代人们已经饲养了马牛羊鸡犬猪"六畜"。随着农业的进步，家畜的种类和数量以及饲养的方式和技术亦大为发展。三星堆时期的家畜饲养业，显然有着可观的规模，畜牧业和其他多种养殖业也日益发展。

三星堆时期，古蜀王国中可能还有一定数量的人员从事着渔猎活动。一号坑出土的金杖图案中刻画了四支长杆羽箭贯穿鸟颈穿入鱼头的情景，应是古代蜀人现实生活中使用弓箭从事渔猎活动的写照。通过其寓含的神话色彩和象征含义，折射和反映的是世俗内容。一号坑出土的石矛，二号坑出土的青铜戈，可用于军事作战，也可能作为打猎使用的武器。二号坑出土有数枚虎牙，很可能就是打猎捕获猛虎后，特地将虎

三星堆二号坑出土的青铜公鸡

牙作为装饰品。据出土卜辞记述，商代经常举行田猎活动。《华阳国志·蜀志》亦有"周显王之世，蜀王有褒、汉之地，因猎谷中，与秦惠王遇"的记载，说的虽是开明王朝的事情，由此亦可知古蜀国也是有大型打猎活动的。而据《蜀王本纪》所记"蜀王从万余人东猎褒谷"，足见其规模之大，当不亚于商王朝的田猎活动。古蜀时代的这一风气，对后世亦有影响，《史记·货殖列传》说卓王孙"射猎之乐，拟于人君"，便是例证。

还有古蜀国的渔业，也是当时社会经济生活中的一项重要内容。《汉书·地理志》说巴、蜀、广汉有"民食鱼稻"的传统。从考古资料看，忠县㽏（gàn）井沟新石器时代遗址就出土有大量的鱼骨遗存及捕鱼用的网坠，大溪遗址亦发现有大量的鱼骨遗存和用于渔猎活动的骨镞、石镞、牙制鱼钩和网坠，成都平原一些古遗址也发现有种类较多的鱼骨遗存。有学者认为，古蜀鱼凫族就是善于捕鱼的部族，出土的鸟首形器物就是鱼凫时代蜀人用鱼鹰捕鱼的生产劳动反映。

古蜀王国因为有大量的粮食和丰富的农副产品，也促使了酿酒业的发展。根据文献记载和考古资料，中国的谷物酿酒起源甚早。《淮南子·说林训》便有"清醠之美，始于耒耜"[①]之说。河姆渡文化遗址曾发现有温酒的陶盉、饮酒的陶杯等酒具。甲骨卜辞中已有商王用各种美酒祭祀鬼神及祖先的记载。

三星堆考古发现揭示，古蜀王国的酿酒技术亦相当发达，酒事活动也同中原殷商王朝一样昌盛。三星堆遗址出土的大量陶酒器有盉、杯、尖底盏、觚、壶、勺、缸、瓮等，还有酿酒用的陶罐。此外还出土有铜酒器，如二号坑出土的铜尊与铜罍。尤其值得注意的是青铜喇叭座顶尊人像，具有祭祀奉献美酒的含义，而尊、罍都是置酒设供的重器，充分说明了古蜀酒文化的昌盛，也反映了蜀酒在古蜀祭祀活动中的重要作用。裸胸露乳的顶尊人像，还透露了古代蜀人祈求丰穰、祈求生育繁衍、举行盛大高禖祭祀活动的丰富信息。

---

① 参见《二十二子》第1287页，上海古籍出版社，1986年3月第1版。

三星堆包罗万象的考古材料告诉我们，生活在这个时期的古蜀先民，正是在发达的农副业和手工业生产基础上，创造出了灿烂的古蜀青铜文明。他们的精神生活和物质生活，都有着极其丰富的内容，呈现出繁荣昌盛和绚丽多彩的情景。

黄金谱写的篇章

古代蜀人也是世界上最早开采和使用黄金的古老部族之一,在相当于中原殷商时期就已经熟练地掌握了黄金的加工技术,制作出了精美绝伦的金杖、黄金面罩、多种黄金动物图形的装饰品等。这些黄金制品,不仅展现了古蜀先民高超的加工制作技艺,而且具有丰富的文化内涵,是我们了解三星堆古蜀文明面貌的珍贵资料。

在三星堆出土的黄金制品中,最富有特色和最具代表性的便是一号坑的金杖了。黄金历来都是珍贵的,由于其特殊的质地和开采量的限制,因而有着高昂的价值。在3000多年前黄金还相当稀少的情形下,古代蜀人就制作了如此非同凡响的金杖,堪称无与伦比的绝世珍宝。这件长143厘米、直径2.3厘米的金杖,用纯金皮包卷而成,重463克,出土时已压扁变形。经整理后金皮展开的宽度达7.2厘米,金杖上端雕刻有长达46厘米的精美纹饰图案,从杖内存有的碳化木质推测是用金皮包裹而成的木芯金皮杖。金杖图案系用双勾手法雕刻而成,使线条两侧下凹中部凸出,虽线条纤细却格外醒目,显示了相当高超的工艺水平。

特别引人注目的是金杖上的图案内容，其平雕纹饰画面可分为三组。上面两组内容相同，都是两支羽箭各穿过鸟颈射入鱼的头部，箭为长杆，箭尾有羽，鸟和鱼皆两背相对，共四鸟四鱼四支羽箭，显示了对称的艺术表现手法。下面一组图案有两行对称的双勾平行线作为间隔，雕刻了前后对称的两个人物头像，圆脸和五官呈现出开怀欢笑状，头戴锯齿纹或花瓣状王冠，耳垂有三角形耳饰。整个图案展现出极其丰富的内涵，学者们对此做出了许多不同的解释，有认为是鱼凫氏的遗存，有认为描述的是鱼凫族败亡的故事，还有认为鱼、鸟即鳖灵与杜宇的象征，等等。关于金杖的性质，也有各种推测，有认为是权杖，是由最高统治者执掌的王权和神权的象征；还有认为是巫祝之类使用的法器，是祭杖或魔杖。

对金杖图案的解释可谓丰富多样，反映了学者们对文献资料不同的理解和对图案内容观察认识上的差异。如果从美术考古的角度来看，金杖上的图案纹饰，主要是装饰作用，是古蜀族在雕刻艺术上的一件杰作。其图案内涵，则既有族属意识的象征含义，也有对当时蜀人社会生活以及宗教信仰和审美观念的综合反映。而其画面内容显然与当时古蜀王国盛行的太阳神话和渔猎活动有十分密切的关系。同时也显示了古蜀王国的能工巧匠在雕刻这些图案时，采用了写实与夸张结合的艺术手法，充分发挥了其丰富的想象力和独创性。三星堆古蜀时代的文化精神内涵，正是通过这些画面而得到了形象生动的展现。

金杖究竟是用来做什么的？这也是一个很有意思的问题。认为金杖就是权杖，曾是较为普遍的一种看法。另一种意见则认为其图案内容具有巫术性质，应是巫祝之类人物使用的法器。认为金杖是权杖的学者，

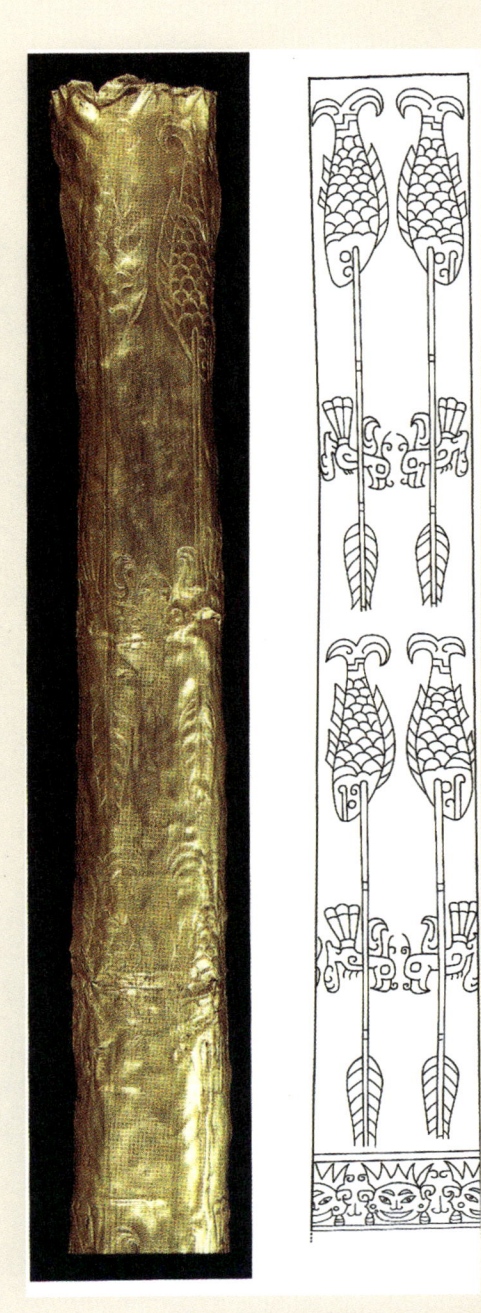

三星堆一号坑出土的金杖与图案

三星堆二号坑出土的平顶金面青铜人头像

还列举了古代西亚近东地区、古代埃及、古希腊和古罗马的权杖文化现象，认为三星堆金杖可能是通过某种途径吸收了近东权杖的文化形式而制成的，中原夏商周三代王朝都是用九鼎象征政权，古蜀王国则用金杖作为王权与神权政教合一的象征和标志。这些分析似乎都有一定的道理。但考虑到三星堆文化具有浓郁的古蜀特点，出土的青铜造像群显示出古蜀王国是个巫风甚炽的社会，由群巫之长和巫师们主持的各种祭祀活动之间的密切关系则是显而易见的。金杖如果被用于祭祀活动之中，当然就具有了法器的性质，或可称为"祭杖"。值得注意的是，刻有图案纹饰的玉璋也是祭祀用器，也具有法器的性质。不同的图案内容，说明它们很可能是用于不同的祭祀活动之中的，金杖与太阳神话和渔猎之类的祭祀活动有关，玉璋则与神山祭祀和魂归天门等丧葬祭祀活动有关。

关于三星堆文化所显示出的一些外来文化因素，其中既有中原文化的影响，也有其他区域文化的影响。不同部族和地区间相互的文化传播与交流，本是人类文明发展史上的一种客观存在。如果说古代蜀人吸取了西亚近东文化传播的某些形式与内容，显然并非无稽之谈。从这个意义上说，金杖受到了近东权杖制式的影响，也是说得通的。但古蜀王国是否真的将金杖作为王权与神权以及财富垄断权的象征则是一个值得推敲的问题。既然青铜造像群已成为古蜀王国盛大祭祀活动中掌管神权与王权统治阶层的象征，如果金杖是权杖的话，就应执于群巫之长（蜀王）的手中，但青铜立人像双手所握之物的尺寸显示其绝非金杖而是其他祭祀用具。再考虑到古代蜀人还用黄金制作了其他饰件如金面罩、金箔虎、金箔鱼之类，可知黄金的用途是多方面的，最主要的是装饰作用。而金面罩却并没有装饰最代表神权与王权的青铜立人像和青铜纵目人面像，这也是耐人寻味的一个现象。由此可知，三星堆出土的金杖显然并不能简单地同权杖画等号。我们有理由认为，古代蜀人很可能是将金杖作为某种法力的象征，若将其称为"法杖"也许更贴切一些。

黄金面罩是古代蜀人使用黄金制品方面的又一杰作。从制作工艺看，是先将纯金锤锻成金箔，然后做成与青铜人头像相似的轮廓，将双眉双眼镂空，再包贴在青铜人头像上，经锤拓、蹭拭、剔除、粘合等工序，最后制成与青铜人头像浑然一体的黄金面罩。二号坑出土有数尊戴黄金面罩的青铜人头像，显示出一种异常华贵的气势，给人以神奇和赏心悦目之感。

在世界考古史上，古埃及和古希腊均出土有黄金面罩，如公元前15世纪古希腊迈锡尼墓葬中出土的有唇须的金面罩，公元前14世纪古埃及十八王朝国王图坦卡蒙墓中出土的形象逼真的纯金面罩等。这些著名的黄金面罩出土时大都罩于死者或木乃伊面部，其用意显然在于保护或再现死者面孔，体现了古代西方人的丧葬习俗和等级观念，并带有明显的原始宗教色彩。三星堆出土的黄金面罩同古埃及古希腊的金面具相比，在形态造型、装饰手法、用途含义等方面都有许多不同，它不是施于死者脸上，而是粘贴于青铜头像的面部，这些青铜头像都是大型祭祀活动中的巫师或部落首领的象征。由此可知在古代蜀人的观念中，黄金面罩与丧葬死亡似乎没有什么联系，而与重大祭祀活动有着密切的关系。这反映了不同区域文明之间在宗教信仰、审美观念、社会风俗、民族传统、文化内涵诸多方面的不同特点。尽管有这些明显的差

古埃及图坦卡蒙墓中出土的人形棺与黄金面罩

古希腊迈锡尼金面罩，现藏于希腊雅典国立考古博物馆

异，但有一点则是相同的，那就是对黄金的开采和制作使用，都显示出很高的工艺水平。

　　有人认为，迈锡尼黄金面罩覆盖尸体，意图使死者容颜亘古不凋，古代埃及人曾把对祖先的崇拜和永生不死的思想再现于王侯贵族的雕塑和诸神的肖像中（包括用金棺再现王者的肖像）。三星堆金面罩则使青铜人头雕像的面容焕发出金色，其意义或许在于显示一代神明者、权贵者容貌的光芒或者有其他原始宗教方面的奇特作用。这些金面罩在造型艺术和黄金制作工艺方面都显示了极高的水平，是古代灿烂文明的结晶。我们知道，面具全都产生在古代文明最发达的国家和地区，如古埃

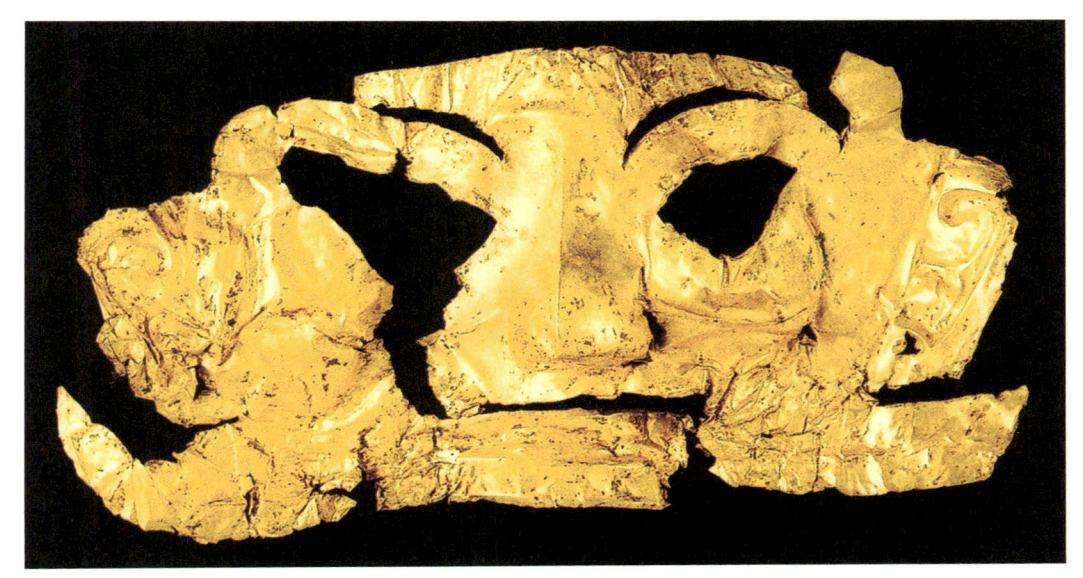

三星堆一号坑出土的黄金面罩

及、古希腊、古罗马、古代的中国和印度。可以说，面具以它深刻的内涵和深厚的文化积淀，向我们展示的并不仅仅是娱乐或表演的道具，也不仅仅是一种艺术品，而主要是一种特殊的宗教文化的产物，是神灵、权力、地位的象征。

三星堆金面罩双眉双眼及嘴部镂空，罩于青铜人头像上，似有让偶像观看祭祀场景并与司祭者和神灵"密语交谈"的含义，金面罩灿烂的光芒也有增强祭祀场面庄严气氛的作用。由此可知这些具有浓郁古蜀特色的黄金面罩，有着极为丰富的内涵。

值得注意的是，三星堆时期古代蜀人已经能够熟练地加工使用黄

三星堆二号坑出土的金璋、金叶

金，不过当时黄金采集的数量还相当有限，远不如青铜那样可以大量冶炼铸造，所以仅有个别青铜头像粘贴了黄金面罩。从出土时皱成一团的金面罩来看，说明这种制作和粘贴的过程还在继续，应有相应的青铜头像相配。为什么高大威严具有王者尊贵气势的青铜立人像没有粘贴金面罩，神奇无比的青铜纵目人面像也没有粘贴金面罩，而只有几尊与其他头像并无显著不同的青铜头像粘贴了金面罩，是否也与当时黄金数量较少有关呢？或者是否说明了黄金面罩在古蜀王国并不象征身份，而主要是为了在个别青铜头像上突出一种华丽神秘的装饰效果，以起到欢娱神灵的作用？总之，这些都是耐人寻味值得深入探讨的问题。

三星堆出土的黄金制品，还有金箔或金片制成的金虎、金叶、金鱼、金璋、金带等，此外还有金料块。这些黄金制品在制作工艺上，也采用了锤锻平展、剪裁修整、平面雕刻等手法。例如金叶，形似细长的叶片，上面用浅雕手法刻画了多组"∧"形的平行线条；在每组"∧"形线条之间布满刺点纹，显示出独特的装饰效果；叶片柄端两侧有小缺口犹如鱼头形，并有小孔，可供穿系所用。又如金璋，其造型同玉璋相似，射端呈弧形向两侧宽出，底端则呈钝角，两侧有小缺口，同金叶一样好似鱼头形，并有小孔，从尺寸与形态推测可能是作挂饰用的。有学者认为这些"金竹叶"可能具有蜀族先民竹崇拜与竹图腾观念的含义。但三星堆时期古蜀族是否有竹崇拜现象和竹图腾观念，缺少文献记载与考古材料的印证，目前还有很大的疑问。其实，若将三星堆出土的金叶、金璋、金虎等黄金制品同其他出土遗物联系起来观察思考，可知它们与古蜀王国的祭祀活动同样有着非常密切的关系。金璋可能与山川祭祀之类的内容有关，鱼头形并刻的有线点纹的金叶则显示出渔猎活动和农业生产方面的含义。金虎与同坑出土的青铜虎形器以及满身镶嵌绿松石纹饰的青铜虎,显然都是崇虎观念的展示。金虎昂首卷尾呈咆哮状,造型极其简练生动,从其锤拓成型的工艺看,很有可能是粘合在同样造型的青铜虎上面的,如同凸凹分明的黄金面罩粘合在青铜人头像上一样,具有强烈的装饰效果,并显示出丰富的内涵。

古代蜀人采用的黄金产地,也是一个值得注意的问题。我们知道,成都平原并不产金,产金的地方主要在盆地周边丘陵河谷与西部高原以及金沙江沿岸地区。《天工开物》说:"凡中国产金之区,大约百余处。""金多出西南……水金多者出云南金沙江(古名丽水)。"根据

成都金沙遗址出土的黄金面具,这是又一重要考古发现。

文献记载和考古资料，可知丽水是历史上有名的产金区。徐中舒指出，春秋战国时期楚人曾在蜀郡西部丽水地区大量开采黄金，由水陆运到今常德、长沙诸地，逐渐形成了一个黄金集散市场。《韩非子·内储说上》记述说："荆南之地，丽水之中生金，人多窃采金。采金之禁，得而辄辜磔于市，甚众，壅离其水也，而人窃金不止。"[①]可知当时楚国对丽水产金的严格控制，亦透露了金沙江流域黄金产量的丰富。商周时期丽水采金的情形，虽然缺少文献记载，但据推测这时有很多先民于此采金。三星堆出土的黄金制品所用之金很可能就是古蜀王国派遣人员（包括工匠与军队）开采于丽水，然后运回三星堆古城的。这与古蜀王国在金沙江流域等地区开采铜矿也有很大的关系。而从三星堆出土的象牙海贝透露的信息看，古蜀王国这时已经有了穿越西南地区通向南亚的古商道。综合这些因素，可知古蜀采金于丽水的推测是可信的。当然，正如古蜀王国开采铜矿的地点不止一处，采金的地点也可能还有其他地方。我们由此可知，古蜀王国在对黄金制品的开采和制作使用上，远比楚国早得多。

中原殷商王朝也很早就掌握了黄金的淘洗加工技术，从商代遗址和墓葬的考古发现看，河北蒿城出土有金箔，河南辉县出土有金叶片，殷墟出土有金块和金箔，说明当时的冶炼锤锻碾制加工已具有较高的水平。但商代遗址出土的黄金数量很少，而且没有像三星堆那样的金杖、金面罩、金虎、金璋、金叶之类工艺精湛内涵丰富的黄金制品。这说明作为同时期的文明中心，三星堆古蜀王国不仅在开采使用黄金的数量上

---

① 参见《二十二子》第1150页，上海古籍出版社，1986年3月第1版。

超过中原殷商王朝,而且在制作工艺上更是居于领先的地位,在黄金制品的用途和内涵方面也显示出了鲜明的特色和无穷的魅力。

　　三星堆时期古蜀先民不仅创造了灿烂的青铜文明,而且也用黄金谱写了辉煌的篇章。在中华文明史和世界文明史上,具有非常重要的意义。其丰富的文化内涵和独特的艺术魅力,将永远彪炳史册。

三星堆二号坑出土戴黄金面罩的青铜人头像

通向远方的商道

三星堆考古发现为我们揭示了古蜀文明的灿烂辉煌，使我们看到了古蜀王国丰富多彩的社会生活。而古蜀文明与中原殷商以及周边其他区域文明之间的关系，也是一个非常值得探讨的话题。

学术界过去在中华文明的起源问题上，由于受"内诸夏而外夷狄"文化观念的影响，自古以来即以盛行中原之诸夏王朝为正统，长期都将中原视作唯一的文明中心。随着考古新发现提供的丰富资料日益增多，中华文明起源呈现为满天星斗多元一体的格局已为学术界所公认。三星堆考古发现便为中华文明起源多元论提供了重要佐证，揭示了古蜀王国就是长江上游的一个重要文明中心。

考古材料告诉我们，古蜀文明具有自成一系的鲜明特色，与中原文明在许多方面都有所不同。这种不同或差异，不仅表现在礼仪制度、观念习俗、宗族或部族构成、社会生活、艺术情趣等诸方面，而且也表现在农业生产方式上。中原是旱地农业起源的核心地区，中国南方长江流域是稻作农业起源地之一。应该说，正是由于史前时期就形成了南北两种农业体系，从而使南北文化体系的发展各具特色。

四川剑阁翠云廊古蜀道

古蜀文明作为南方文化系统长江上游的一个重要文明中心，虽然与中原文明有许多明显的不同，但同时又有着比较密切的关系。无论是从文献记载还是从考古资料看，古蜀文明与中原文明的密切关系，相互之间的文化交流和影响，都是源远流长的。上古时期已有黄帝和蜀山氏联姻的记述，夏禹治水曾多次往返于岷江流域和黄河流域，《尚书·禹贡》对此有较多的记载。有学者提出了夏禹文化西兴东渐的见解。考古材料也揭示了三星堆遗址第二期所出器物与中原二里头文化之间的关系。例如两者均出土有陶盉、瓿、豆、罐类器物，都是以小平底为主，尤其是三星堆遗址出土的陶盉同二里头的陶盉，除了陶质和大小以外几乎没有太大的区别，有学者认为这应是由二里头文化传来的，因为别的地方没有。又如三星堆遗址出土的陶器"将军盔"（即熔铜的坩埚），与殷墟第一期出土的非常相似。还有三星堆铜罍，类似于长江中游湖北等地发现的同类铜罍，同陕西城固出土的铜罍几乎没有区别，连花纹做法都一样，与殷墟的铜罍也有许多相似之处。这些都说明了古蜀文明与中原文明特别是夏商时期的密切关系。

三星堆出土器物中，如果说陶盉、陶豆是接受了二里头文化的影响，那么铜尊、铜罍则显示出受到了殷商青铜礼器的影响。

二里头出土的陶盉

三星堆出土的陶盉

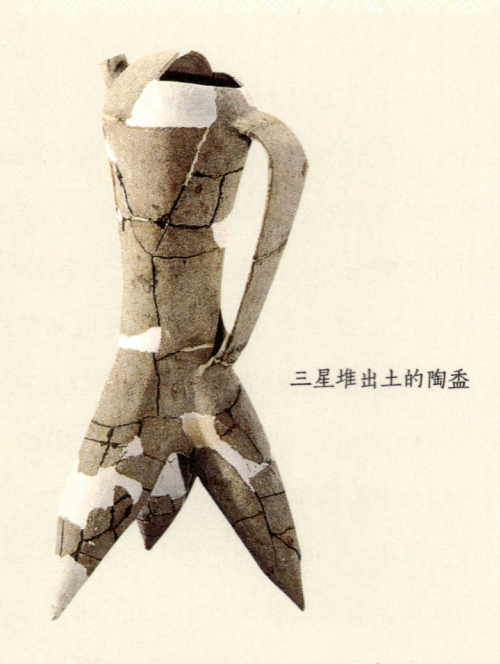

三星堆二号坑出土的铜罍与江西新淦大洋洲出土的铜罍比较

这起码说明两点：一是古蜀与中原的文化传播与交流在夏代甚至更早就开始了，二是这种文化传播和交流在殷商时期变得更加密切了。一号坑与二号坑出土的青铜器物就反映出这时期的蜀文化已接受了大量商文化的影响，例如青铜罍和青铜尊就展现了在造型艺术和青铜铸造工艺方面具有高超水平的古代蜀人对商文化中青铜礼器的模仿。但这种模仿主要是仿造罍和尊，其他礼器极难见到，说明这是有所保留和有选择的模仿，是不失主体的一种文化交流。

关于古蜀与中原的关系，历来是学术界讨论的一个热门话题。晋代常璩《华阳国志》卷十二提到"孔子'述而不作，信而好古，窃比于我老彭'，则彭祖本生蜀，为殷太史"。关于老彭，《世本》有"在商为藏史"之说，《大戴礼记》卷九亦有"商老彭"之称。顾颉刚指出："老彭是蜀人而仕于商，可以推想蜀人在商朝做官的一定不止他一个。古代的史官是知识的总汇，不论自然科学和社会科学他应当都懂。蜀人而作王朝的史官，可见蜀中文化的高超。"[1]这也透露了殷商时期古蜀与中原王朝关系的密切。总的来说，传世文献中这方面的记载是比较少的，自从甲骨文大量出土，资料才多起来，在甲骨文中不但发现了"蜀"字，而且发现了商和蜀的关系。

学者们对甲骨文中"蜀"的地理位置究竟在哪里，曾有不同的看法。陈梦家认为卜辞有蜀、羌、微、濮四国，皆殷之敌国，大约在殷之西北、西南。董作宾认为蜀约当今之陕南或四川境。日本学者岛邦男认为蜀在河曲西南，约在今陕西东南商县、洛南附近。郭沫若认为蜀乃殷

---

[1] 参见顾颉刚《论巴蜀与中原的关系》第19页，四川人民出版社，1981年5月第1版。

西北之敌。除了殷墟卜辞中有许多蜀的记述，在陕西岐山西周遗址出土的甲骨卜辞中也有蜀字。李伯谦认为蜀在汉水上游，只是到西周时期才转移到成都平原。段渝则认为陕南之蜀并非独立方国，它是成都平原蜀国的北疆重镇，故亦称蜀。这些争论，显示了百家争鸣的学术风气。虽然对殷墟卜辞和周原卜辞中的"蜀"有不同解释，但三星堆考古发现已经充分揭示具有鲜明特色和丰富内涵的古蜀文明，告诉我们殷商时期的古蜀王国，不仅在三星堆建立了雄伟的都城，而且有着同中原一样灿烂而又独具特色的青铜文化，在长江上游成都平原形成了自成一系的辉煌文明中心。

古蜀与中原一直有着比较密切的关系，有着文化上的交流和经济上的往来，但古蜀与中原这种关系究竟属于什么性质？是相互隶属还是相对独立？这也是学术界争论较多的一个问题。有学者认为古蜀应是殷商的西土外服方国，还有学者曾认为蜀文化是受商文化传播影响发展起来的。但也有学者认为，从卜辞看蜀与殷王朝和战不定，是国际关系，而不是方国与共主的关系，蜀国并未成为殷商王朝的外服方国。从考古资料看，三星堆古蜀都城大于早商都城并和中商都城不相上下，若按照殷商王朝的内外服制度和匠人营国之制是严重逾制的，这表明古蜀王国与殷商王朝分属于两个不同的政权体系，二者之间不存在权力上下级的关系。三星堆青铜造像群浓郁的古蜀特色，在王权与神权方面自成体系的象征含义，对此也是一个很好的印证。而三星堆青铜器中的尊、罍，玉石器中的璋、戈等形制，则反映了对商文化的模仿，说明了商文化对蜀文化的影响。但古蜀与中原的文化交流是不丧失主体的交流，在接受商文化影响的时候，以高超的青铜雕像造型艺术为代表的古蜀文化特色始

四川广元明月峡古栈道

终占据着主导地位。这就是我们客观认识和正确评价古蜀文化与殷商文化相互交流影响的关键所在。

  古蜀文化与殷商文化之间的交往，可能有水陆两途，而顺长江上下则是一条主要途径。徐中舒曾指出："古代四川的交通有栈道和索桥，并不如想象的困难，而且长江由三峡顺流东下，更不能限制习惯于水居民族的来往。"从考古资料"可以清楚地看出古代四川与中原地区的联系，其主要道路就是沿江西上的"。[①]李学勤通过对出土青铜器物的比较研究，也认为以中原为中心的商文化先向南推进，经淮至江，越过洞庭湖，又溯江穿入蜀地，"这很可能是商文化通往成都平原的一条主要

---

① 参见徐中舒《论巴蜀文化》第3—5页，四川人民出版社，1982年4月第1版。

途径"。①他认为蜀文化发展与商文化的发展是平行的，彼此影响传播也是畅通的，不过这种影响不是直接传入当地，而是由今湖北、湖南地区当时的文化作为媒介，三星堆礼器的饕餮纹与湖北、湖南所发现的一样，便反映了这种媒介作用的存在。总之，蜀文化有着自身的渊源和演变，在接受了长时期的中原和其他地区的文化影响之后，才逐渐融合到中国文化进程中去。

古蜀与中原的交流，北经汉中之地或通过陇蜀之间也是一个不可忽视的途径。西周初武王伐纣，联合西土八国会师牧野，古蜀国人马就是由这条途径参与征伐行动的。在开明王朝开凿石牛道之前，古蜀国北面的交通显然早就存在了，文献记载和考古出土资料都为此提供了印证，古代蜀人使用栈道的历史可能远比见诸文字记载的要久远。扬雄《蜀王本纪》中有"蜀王从万余人东猎褒谷"的记述，这种大规模的行动也是对这种交通情形的一个说明。《华阳国志·蜀志》说杜宇时期"以褒斜为前门"，开明三世卢帝"攻秦至雍"，褒斜即褒谷与斜谷，雍城在陕西凤翔县南（或说在宝鸡），都说明了古蜀国北面的交通状况。褒斜道早在商代即已开通，在商周之际开通的可能还有故道，因其沿嘉陵江东源故道水河谷行进而得名。《散氏盘》铭文中有"周道"，据王国维考证，"周道即周道谷，大沽者，即漾水注之故道"。而据《史记·货殖列传》所述，商周时期雍蜀之间已有商业往来。

从考古发现看，陕南城固出土的铜器群中，既有属于殷商文化的器物，如鼎、尊、瓿、簋、戈、钺等；又有属于古蜀文化的器物，如青铜

---

① 参见李学勤《商文化怎样传入四川》，载《中国文物报》1989年7月21日。

面具、铺首形器，以及陶器中的小底罐等。由于三星堆文化同类器物都早于或等于城固铜器群的年代，说明陕南乃是商与蜀接壤、两种文化相互交错共存的边缘地区。对古蜀国来说陕南是其北境，而对商王朝来说陕南则为其西土。三星堆出土的铜罍与城固出土的铜罍在器形和纹饰上都相似，显然便是两种文化交流的结果。

古蜀文化通过陕南接受了殷商文化的传播，仿造了中原礼器中的铜尊与铜罍，同时也使古蜀文化在与殷商文化接壤的地方产生了影响，留

陕西宝鸡强国墓地出土的两件小型铜人像（男相）

陕西宝鸡㢴国墓地出土的两件小型铜人像（女相）

下了富有古蜀文化特色的遗存。在陕西宝鸡地区茹家庄、竹园沟、纸坊头等处发掘出土的一批西周时期㢴国墓葬，就呈现出一种复合的文化面貌。学者们认为有三种文化因素并存："居址和墓地的出土遗物从各个不同的侧面揭示出商周时期传统的周文化同西南地区早期蜀文化、西北地区寺洼文化（主要是安国文化类型）的有机联系，展现出一幅五彩缤纷的历史画面。毫无疑问，这对于研究当时的民族关系、文化交流与融合都具有重要意义"。[1]值得注意的是茹家庄一、二号墓出土的青铜人，那夸张的握成环形的巨大双手，完全继承了三星堆青铜立人像双手造型的风格。这对商周时期蜀文化的影响力应是一个绝好的说明。林向认为："弪国文化中明显占优势的早蜀文化因素是不能单用外部传播来解释的，必然是与蜀人势力直接抵达渭滨，蜀文化圈在此与周文化圈相重叠有关。"[2]段渝认为"从各种文化现象分析，弪氏文化是古蜀人沿嘉陵江向北发展的一支，是古蜀国在渭水上游的一个拓殖点"[3]，展示了"古蜀文化具有强烈的扩张性和辐射性"[4]。

从考古学的角度来看中原与各区系文化的关系和影响，苏秉琦曾指出，在历史上黄河流域确曾起到重要的作用，常常居于主导的地位，但在同一时期内其他地区的古代文化也以各自的特点和途径在发展着，而影响总是相互的，中原给各地以影响，各地也给中原以影响。三星堆考古的大量材料所揭示的辉煌的古蜀文明，以及古蜀文明和中原文明的交流与影响，便是很好的例证。古蜀文化以三星堆青铜造像群为代表的文化主体始终占据着主导地位，同时也接受了许多外来文化因素，但外来文化影响只居于次要地位，而且大都在模仿过程中给予了新的发挥，这就是古代蜀人既善于学习外来文化的长处，又对本土文化的优越充满自信的表现。

---

[1] 参见卢连成、胡智生《宝鸡弪国墓地》上册第6页，文物出版社，1988年10月第1版。
[2] 参见林向《巴蜀文化新论》第11页，成都出版社，1995年10月第1版。
[3] 参见段渝《嫘祖文化研究（之四）》，载《成都文物》1998年第2期。
[4] 参见屈小强、李殿元、段渝主编《三星堆文化》第601页，四川人民出版社，1993年12月第1版。

130 / 古蜀三星堆

商代人面纹方鼎（现藏于湖南省博物馆）

值得一提的是，三星堆一号坑出土模仿商文化的礼器数量较少，二号坑出土的礼器种类和数量却大为增多，两坑时代相差约百年左右，说明随着历史的发展，古蜀文化与殷商文化的交流比以前增多了。联系到彭县竹瓦街出土的青铜器物来看，中原商周文化的影响随着时间的推移而变得强烈了，这显示的正是中华文明多元一统发展的历史趋势。

总之，关于古蜀王国与殷商王朝的关系和文化交流，应该给予客观的恰如其分的认识。古蜀文化接受商文化的影响，主要来自今湖北、湖南、江西等长江中游以及陕南地区。但古蜀文化主体还是本土的，外来

商代人面龙身盉（现藏于美国华盛顿弗利尔美术馆）

文化影响只占次要的地位，而且受长江中游的影响远比黄河流域深。殷商崇尚礼器，发展出一套繁复的系统。古蜀王国也同样重视青铜，同样有礼器，可是礼器在整个青铜资源运用系统中只扮演次要的角色而已。古蜀王国赋予青铜的意义与殷商王朝以及其军政文化势力所及的长江中下游地区明显不同。可以说，三星堆文化与殷商文化各自具有的鲜明特色，充分展现了长江流域和黄河流域南北两个文化系统各自的绚丽多彩。随着相互间的交流融合，两者在中华文明发展史上谱写了青铜时代杰出而又辉煌的篇章。

如果从更广阔的视野来看，三星堆文明同世界上的其他区域文明也有着商贸与文化方面的交流。过去通常认为，古蜀国地处中国内陆四川盆地，由于水土丰茂物产富饶，曾有学者将其形容为中国的后花园。也有人认为自古以来这里受地理环境限制，是个比较闭塞的地区。三星堆考古发现告诉我们，古蜀王国其实并不封闭，也并非蛮荒之地，而是具有很强的开放性和兼容性。古代蜀人不仅有极其丰富的想象力和创造力，而且显示出强烈的开拓精神。童恩正曾指出，四川恰好位于黄河与长江两大巨流之间，又正当青藏高原至长江中下游平原的过渡地带，曾是古代中国西部南北交通的孔道，又是西部畜牧民族和东部农耕民族交往融合的地方，这使四川自古就有众多的民族迁徙和栖息，在历史上留下了十分丰富的内容。三星堆青铜造像群就生动地展现出这是以蜀族为主体，联盟了周边其他众多部族创造出的一种灿烂的青铜文化。三星堆青铜文化具有浓郁的古蜀特色，又吸取了许多其他文化因素，通过比较研究可以发现，三星堆青铜文化与古代西亚文明也有许多相近的因素，相互间可能有过交流并产生过影响。

四川彭县蒙阳镇竹瓦街出土的西周铜罍

从世界文明发展的角度来拓展我们的视野和思路，将三星堆青铜文化与中东和西亚青铜艺术进行比较研究，虽然有些问题尚不能得出明确肯定的结论，有些观点看法目前也还有争论和分歧，但这种比较研究方法的积极意义则是应该给予充分肯定的。霍巍认为，三星堆青铜文化与西亚青铜文化的确存在着某些类似的因素，三星堆青铜文化显然是在土生土长的古蜀文化的基础之上，既吸收了中原殷商文化的因素，又可能吸收了来自西亚古老文明的因素形成的一种复合型文化体系。范小平也认为，三星堆青铜文化与美索不达米亚文化、两河文化、腓尼基文化及安纳托利亚文化中的大批雕刻、雕塑作品在文化内涵及美术特征上确有共同之处，在一定意义上可以由此探寻出三星堆青铜文化与西亚古代文明在东方文化体系中的相互作用和联系。应该说，这些都是很有见地的看法。

以前通常认为，中国同世界的交往联系是从丝绸之路开始的。而根据考古发现提供的大量资料，参照古代文献透露的信息，其实殷商时代，中原与古蜀就与世界其他地区有了文化交流和经济往来，甚至有了人口的迁移。这种交流往来可能在新石器时期就已开始了。贾兰坡曾指出，大致在两万年前，亚洲人已经开始经过白令海峡进入美洲大陆，形成了美洲最早的居民印第安人。张光直也认为，中国文明和中美洲文明实际上是同一祖先的后代在不同时代不同地点的产物。还有学者通过大量的研究后认为，"印第安"（Indian）应是"殷地安"，是殷人东迁美洲后的自称。越来越多的事实和深入研究结果证明这种看法是成立的。既然这种大规模的迁移并非无稽之谈，那么古蜀国与南亚和西亚的文化交流以及商贸往来也是很正常的事情。

在三星堆出土遗物中，除了青铜造像群所显示的一些外来文化因素，出土的大量海贝也充分说明了古代蜀人与外界的交往。在河南安阳殷墟妇好墓中出土有海贝6880枚，在安阳大司空村商代墓葬和车马坑中也出土有数量不等的海贝，在山东益都县苏埠屯商代晚期墓中也出土有殉贝3990枚。这些海贝当时已有原始货币的职能，从数量来看是一笔不小的财富。中原和古蜀都不产贝，这些海贝显然都是太平洋和印度洋沿岸地区的舶来品，反映了当时的商贸活动区域是相当广阔的。

西南丝路可能是我国历史最为悠久的一条商道，其最早开通远比我们从文献记载中知得的还要久远。三星堆出土的海贝可能就是由这条古道而来，因为其中的齿贝就产于印、缅温暖的海域。与古蜀文化关系密切的四川茂汶地区的早期石棺葬中，曾发现不含钡的琉璃珠，应是由中亚或西亚输入的。在云南江川李家山战国时期的墓葬中，也出土有外来的琉璃珠与来自西亚的蚀花肉红石髓珠。这些都印证了古蜀与南亚西亚的商贸联系，同时也说明了西南

三星堆一号坑出土的象牙、海贝

丝路历史的悠久。古代蜀人通过这条古商道而走向了广阔的世界，不仅为古蜀王国带来了大量的海贝，同时也带来了诸多异域文化因素，促使了古蜀商业的繁荣和三星堆青铜文化绚丽多彩特色的形成。随着商贸往来和文化交流，繁荣辉煌的三星堆古蜀文明对周边区域也产生了积极而广泛的影响，比如对楚文化、滇文化以及东南亚文化的影响等，考古发现在这方面同样为我们提供了丰富的资料。

总之，三星堆古蜀文化不是一个封闭的体系，而是与外界有着广阔的经济往来和文化交流。正是古蜀先民拥有开放兼容的襟怀，善于学习并对外来事物加以创造发挥，从而形成了三星堆青铜文明的灿烂和辉煌。

穿越时空的魅力

举世瞩目的三星堆考古发现，向我们揭示了3000多年前古蜀王国绚丽多彩的社会生活情景，以百科全书式的文化内涵，形象生动地展现了一个湮没的内陆农耕文明的辉煌。在中国考古史上和世界考古史上，三星堆都称得上是前所未有令人耳目一新的考古发现。三星堆考古发现提供的并不仅仅是珍贵的资料，更重要的是使学术界重新审视东方文明，人类文明发展史上将因之而谱写新的篇章。三星堆考古发现揭示的也不仅仅是一个湮没的文明，更展示出一种穿越时空的无与伦比的永恒魅力，所以它轰动了世界，在许多国家展出时都倾倒了数以万计的观众，激起了强烈的反响。三星堆考古发现对相关学术研究以及四川历史文化和旅游业的发展，也将发挥巨大的积极作用。

三星堆考古发现揭示了辉煌的古蜀文明，具有重要意义。归纳起来，大致有以下几个方面。

一、揭开了古蜀王国神秘面纱

以前我们对古蜀历史的了解是相当有限的，文献记载的古蜀历史只是一些简略而朦胧的轮廓，从蜀山氏、蚕丛氏、柏灌氏、鱼凫氏，到杜宇、鳖灵，都显示出比较浓郁的神话传说色彩，笼罩在一片神秘的迷雾之中。

三星堆惊人的考古发现，特别是1986年夏秋之际一号坑、二号坑的相继发掘，终于揭开了千百年来笼罩在古蜀历史上的神秘面纱，使我们看到了湮没达数千年之久的古蜀王国的真实面目。在此之后，成都平原上又有了宝墩文化六座早期古城遗址的发现。联系到以前成都北郊羊子山土台建筑遗址、成都十二桥商周遗址、彭县竹瓦街商周青铜器窖藏等考古发现，学术界对古蜀历史文化的发展脉络有了更加清晰的认识。通过这些考古发现，我们真实地看到了夏商周时期成都平原的确存在着一个以古蜀族为主体的古文化、古城和古国，使我们触摸到了古蜀文明的壮丽与辉煌。

三星堆出土文物的精美程度、数量的庞大、种类的繁多、文化内涵的无比丰富，以及其展示出的鲜明而自成体系的地域特色，都是罕见的，使其成为20世纪考古领域一个巨大的收获。三星堆青铜造像群形象生动地表达了古代蜀人丰富多彩的意识观念和传统习俗，具有强烈而浓郁的象征意义。我们知道，黄河流域夏商周时代的帝王贵族们是用青铜礼器特别是九鼎来象征统治权力和等级制度的，并盛行祭祀宴飨；三星堆古蜀王国的祭祀活动同样是社会生活中最重要的主题内容，但在祭祀方式以及神权与王权的象征表现方面却有极大的不同。古代蜀人精心铸造了大量代表大巫（蜀王）和群巫（各部族首领）以及神灵偶像的青铜造像，作为祭祀活动和日常供奉的主体；而中原殷商王朝用青铜彝器作为等级象征与祭祀供奉的宗庙常器，这应是古蜀文化与殷商文化最大的区别。古蜀王国统治阶层所控制的神权与王权正是通过这些青铜人物造像而展现出来，而这也正是古蜀王国有效统治各部族的奥妙所在。

三星堆青铜造像群反映了古代蜀人对造型艺术的偏爱，擅长形象思维，具有极其丰富的想象力和高超的青铜铸造技术，在社会礼俗与民族心理方面均有自己鲜明的特色。对于人神交往观念，神权与王权的象征含义，给予了精彩而深刻的体现。三星堆青铜人物造像群，还为我们研究古代蜀人的来源与族属问题提供了重要资料，表现的是以蜀族为主体的多部族形象。由此可知灿烂的三星堆青铜文化，就是以古代蜀族为主体联盟了周边其他部族共同创造的一种地域文化，它有自成体系的鲜明特点，同时又吸纳和融合了一些外来文化因素，加以创造发挥和利用，并对周边区域产生了广泛而深远的影响。

二、中华文明多元一统的例证

三星堆考古发现揭示了古蜀王国是长江上游的一个重要文明中心，对中华文明起源呈现出多元一体、多元一统的发展格局提供了重要佐证。过去学术界重视中原文明的作用影响而忽略其他区域文明的地位，曾在较长时期内左右着学者们对文明起源的看法。随着考古新发现提供的大量材料，学者们对满天星斗多元一统的中华文明起源发展格局有了越来越清晰的认识。三星堆考古发现便证明了三四千年前的成都平原已具有了可以同殷商中原文明媲美的高度发达的青铜文明形态。古蜀文明与中原文明有许多明显的不同，同时又有着比较密切的关系，相互之间有着源远流长的文化交流和影响，并以各自的鲜明特色展现出了长江流域和黄河流域南北两个文化系统的绚丽多彩。

概括起来说，三星堆考古发现揭示的古蜀王国作为长江上游的重要文明中心，具有几个显著特点：一是源远流长，高度发达；二是自成体系，具有鲜明的地域特色；三是在南方文化系统中有着重要的作用和强大的影响；四是和中原文明保持着密切的关系，在不失主体的文化交流中吸纳融合了许多外来文化因素；五是展现出百科全书式的丰厚文化内涵，特别是独树一帜的青铜文化，在中华文明起源和发展进程中写下了神奇的一页。

古蜀文明的这些特点，展示出其与其他区域文明不同的个性色彩，充满活力，富有魅力，是古蜀先民们的辉煌杰作。在中华文明起源发展过程中的六大文化区系中，辉煌的三星堆古蜀文明高度发达，充分说明了中原以外的周边区域并非都是蛮夷落后之区，在中华文明多源一统和中华民族多元一体的格局中，都有着各自的重要地位，都发挥了重要作用。正由于近万年以来这些区系文化的交汇、撞击、相互影响、相互作用、文化逐渐认同、经济逐渐融合，才有了中华民族根深叶茂的坚实的历史基础，形成了中华文明浑厚的兼容性和强劲的凝聚力。可以说，三星堆古蜀文明并不单纯是一个辉煌的区域文明，更是中华文明的一个重要组成部分，是中华文明的一大骄傲。

三、东方文明的新篇章

古蜀文明以其丰富的文化内涵和独特的造型艺术魅力，堪称世界上东方文明的一颗明珠。学术界过去通常将繁复的纹饰作为中国青铜文化的主要特征。三星堆千姿百态的青铜造像群打破了这种看法，展示了与中原殷商文明并不完全相同的一种特色和魅力，给人以耳目一新之感。以美术考古角度来看，三星堆古蜀遗址出土的青铜造像群和大量精美文物，不仅在中国古代艺术发展史上记录下了辉煌的一页，也在世界美术史上谱写了新的篇章。

中国古代雕塑艺术起源甚早，最初的原始雕塑艺术也许只是出于对生活和自然的模仿和想象表现，后来便有了习俗和宗教的含义。黄河流域仰韶时期的彩陶制品中，曾发现有半身人形器盖，辽宁红山文化遗址曾出土有女性裸体雕塑，均属于质朴的原始雕塑。到了高度发达的青铜时代，中原与长江中下游地区的华夏雕塑艺术主要表现在各类青铜器物的装饰性雕塑方面。三星堆青铜造像群则独树一帜，作为真正有独立雕塑意义的人物形象作品，在许多方面都显示出了无可替代的重要性。它不仅将中国原始雕塑发展到了前所未有的高度，而且开启了后世大型雕塑之风。同时也纠正了西方艺术史上的偏见，说明古老的中国同古希腊和古埃及一样，同样在人物雕像艺术方面有着悠久的历史，曾铸造了大量神奇精美的千古杰作。

三星堆青铜造像群的艺术特色可归纳如下。

（一）三星堆青铜造像采用写实与抽象夸张相结合的艺术手法，运用娴熟而高超的青铜冶铸制作技巧，来表现神秘复杂的社会内容，展示独特的观念习俗、审美情趣以及对天地万物的丰富想象，达到了内容与形式的和谐统一。古代蜀人在创作和铸造这些青铜造像群时，所表现出的雕塑手法的灵活和技艺的高超，可以说已达到了相当成熟完美的境界。

（二）张扬人物身份个性，突出华贵威武神奇庄严的象征特色，贯彻浓郁的族群意识，表现人神交往的宏大祭祀场面，是三星堆青铜造像群一个非常显著的特点。古蜀国的能工巧匠们在创作和铸造这些青铜造像群的时候，显示了相当高超的审美意识。无论是人像或面具，都特别注重面部刻画，既做到形似，更注重神似，突出了人物的神态和气韵，达到了生动传神的效果。从雕塑风格上看，三星堆青铜造像群又具有简洁性、整体性、和谐性等特点，融个性与共性于和谐统一之中，从而形成了鲜明的主题和强烈的艺术魅力。

（三）采用夸张的艺术手法，追求特殊的艺术意蕴，表现复杂深刻的象征内涵，是三星堆青铜造像群的又一鲜明特色。最有代表性的便是青铜立人像那双巨大而又姿势奇特的手，夸张得使人惊讶，充分显示了这尊象征蜀王与群巫之雕像的超凡神奇。还有纵目人面像那凸出的双睛和尖长的兽耳，以及唇吻三重直达耳际的阔嘴和鼻梁上高竖的卷云纹装饰物，都夸张到了神奇诡异的地步，洋溢着强烈的象征意味。可以说，古代蜀人的宗教观念和审美意识，正是通过这种夸张艺术手法的娴熟运用，而获得了巧妙和成功的体现。

（四）三星堆青铜造像群，在纹饰图案的装饰塑造方面，也极其精美，富有特色。最具代表性的是青铜立人像服装上的纹饰，由龙纹、异兽纹和云纹等组成，图案清晰，华丽精美，突出了人物的雍容华贵，具有很高的审美价值。此外还有青铜雕像群、青铜动植物和青铜器上的各种纹饰与装饰图案等，不仅是研究古蜀族群服饰文化和社会典章制度的宝贵资料，也是探讨古蜀国与中原殷商以及周边区域文化交流的重要依据。

总之，三星堆青铜造像群既有绚丽多彩的文化内涵，更展现出异彩纷呈的艺术特色，可谓中国古代雕塑艺术发展史上最使人叹为观止的神奇创造。其高超的创作技艺、形式多样的人物造型、鲜明而独具一格的艺术特色，完全可以与西方同时代的写实性雕塑相媲美，为世界美术史谱写了新的重要篇章。

三星堆考古发现所揭示的百科全书式的文化内涵和穿越时空的艺术魅力，在我们审视的视野和研究的领域里，将永远闪烁着辉煌而灿烂的光芒。

后记

众所周知，长江上游的成都平原和四川盆地早在远古时期，就已经是古蜀先民的栖息之地了。后来传说蚕丛建国，柏灌继位，鱼凫兴邦，杜宇积极发展农耕，开明王朝治理水患拓展疆域，使古蜀国成了西南地区的一个富庶之国，并形成了相对独立而又特色鲜明的经济文化。但传世文献对古蜀早期历史的记载却很模糊，一直云遮雾绕，给人以扑朔迷离之感。譬如扬雄《蜀王本纪》和常璩《华阳国志》记述的蚕丛、柏灌、鱼凫、杜宇、鳖灵五代蜀王事迹都极其简单，后来唐朝大诗人李白《蜀道难》中说："蚕丛及鱼凫，开国何茫然，尔来四万八千岁，不与秦塞通人烟。"更是为传说中的古蜀历史抹上了一层浓郁的神秘色彩。

20世纪30年代初，四川广汉月亮湾居民燕道诚与家人为了灌溉农田，车水淘溪时发现了埋藏的玉石器。消息传出后，当时的成都古董市场一度被"广汉玉器"闹得沸沸扬扬。1934年春，华西协和大学博物馆长、美籍教授葛维汉征得四川省教育厅与广汉县长的同意，对月亮湾遗址进行了考古调查和发掘，也发现了一些玉石器。中华人民共和国成立后，冯汉骥与王家祐曾几次前往广汉考察，认为三星堆与月亮湾一带遗址密集，很可能就是古蜀国的一个中心都邑。

经过漫长的等待，终于有了惊人的考古发现。1986年7月18日在三星堆发现了一号坑，8月16日又发现了二号坑，出土了数量众多的青铜人头像、青铜面具和青铜器物，还有金杖、金面具、各种玉石器，以及象牙、海贝等。特别是高大的青铜立人像、诡异的纵目人面像、形态各异的青铜人头像，组成了一个千姿百态的栩栩如生的神秘群体；还有奇特的青铜神树和众多的鸟、虎、龙、蛇与各种飞禽走兽青铜造像，铸造精美，造型神异，令人叹为观止。这些丰富而又罕见的出土文物，每一件都是无与伦比的绝世珍品，为我们了解神秘的古蜀文明提供了珍贵的资料，真实地印证了文献古籍中的记载，可知传说中的古蜀王国并非子虚乌有，竟然是如此地灿烂辉煌。中国考古界和世界学术界都惊喜地谈论着这一重要考古发现，对此给予高度评价，称之为"沉睡三千年，一醒惊天下"。

三星堆出土的青铜造像群与数量众多的珍贵文物，展现出鲜明的地域特色。由此可知，地处长江上游内陆盆地的古蜀国在当时是一个独立发展的繁荣强盛的王国，无论在政治上、经济上还是在文化上都自成体系。但古代蜀人并不封闭，和黄河流域殷商王朝以及周边其他区域在经济与文化上有着源远流长的交往和相互影响。古蜀文化与殷商文化的交往，可能有水陆两途。一条是顺长江上下，可能是古代四川与中原地区往来联系的主要途径。另一条是北经汉中之地或通过陇蜀之间，利用河谷与栈道，也是古蜀与中原的重要交流途径。值得注意的是，古蜀与中原的文化交流是不丧失主体的交流。三星堆出土器物说明，古代蜀人在接受商文化影响的时候，以高超的青铜雕像造型艺术为代表的古蜀文化特色始终占据着主导地位。

从历史发展的进程来看，古蜀文明与中原华夏文明都属于地域文化范畴，各自的不同特色是和农业生产方式密切相关的。我国的农业起源甚早，在原始社会长江流域就出现了稻作农业，黄河流域已出现了旱作农业。原始农业不仅提供了粮食，也促使了人口繁衍，衍生了丰富多样的文化习俗。正是史前时期就形成的南北两种农业体系，促进和形成了南北文化体系的各自特色。对自然的认知，对祖先的传说，古蜀与中原都有各自的说法。譬如神话传说方面，中原黄河流域和北方地区崇尚的主神是黄帝，长江流域和南方地区崇尚的主神是帝俊。在中国的传世文献中，代表中原文化传统的一些古籍如《竹书纪年》《世本》，以及后来的《大戴礼记·五帝德》《史记·五帝本纪》《帝王世纪》等，都是以黄帝作为传说中心的。而代表南方文化传统的《山海经》中关于帝俊的记载，则构成了一个帝俊神话传说的体系。

古蜀与中原在社会结构方面，也有各自的特色。早期的古蜀社会长期小邦林立，因而在文明早期阶段经历了由部落联盟到酋邦社会的演进，从而促成了共主政治局面的出现。古蜀国由此在统治方式与典章制度，以及习俗方面都与中原王朝有所不同。再者是在观念崇尚方面，夏商周时期中原王朝以九为尊，以九鼎代表青铜文化中的最高王权，而古蜀时代以五为尊，以五色象征宗庙。

三星堆考古发现揭示的古蜀文明，作为中国古代南方文化系统长江上游的一个重要文明中心，与黄河流域的中原文明有许多明显的不同，同时又有着比较密切的关系，相互之间有着源远流长的文化交流和影响。来自于中原王朝的青铜文化，曾在南方地区进行了较为强势的传播，在安徽、湖南、四川出土的青铜尊与青铜罍，就接受了商文化的影响。而古蜀的文化崇尚，也对周边区域产生了显著的影响。譬如关于龙的传说和对龙的的崇拜就与稻作农业密切相关，最早起源于长江流域和南方地区，曾盛行于古蜀，三星堆出土的青铜神树上就有龙的造型。后来随着稻作农业由南而北的传播，龙的崇拜也流传到了淮河流域与黄河流域，成为了中华民族的共同崇尚。

辉煌的三星堆古蜀文明高度发达，完全可以同中原殷商文明媲美。充分说明了中原以外的周边区域并非都是蛮夷落后之区，在中华文明多源一统和中华民族多元一体的格局中，各地区及民族都有着各自的重要地位，都发挥了重要作用。正由于近万年以来这些区系文化的交汇、撞击、相互影响、相互作用、相互融合，才有了中华民族根深叶茂的坚实的历史基础，中华文明得以具有浑厚的兼容性和强劲的凝聚力。也正是由于三星堆古蜀文化与中原殷商文化各自所具有的鲜明特色，长江流域和黄河流域南北两个文化系统的绚丽多彩得以展现，在中华文明发展史上谱写了青铜时代杰出而又辉煌的篇章。可以说，三星堆古蜀文明并不单纯是一个辉煌的区域文明，更是中华文明的一个重要组成部分，是中华文明的一大骄傲。

在世界人类文明发展史上，三星堆考古发现揭示的古蜀文明，也堪称是世界东方文明的一颗明珠。三星堆考古发现还揭示了古蜀文明与南亚、中亚的远程贸易和交流，三星堆出土的大量海贝就来自于温暖的印度洋海域。这说明古代蜀人并不封闭，很早就有了对外经济贸易往来。人类文明史的发展，并不是封闭的，而是相互交流影响和促进的结果。中华文明自古以来也是开放的，与世界的交流可谓源远流长，三星堆考古发现对此也是一个很好的印证。

　　三星堆最近又有新的考古发现，出土了青铜方尊、金面具、象牙等，特别是发现了丝绸遗迹，再次举世瞩目。根据史籍记载，古蜀是最早养蚕和纺织丝绸的部族，《说文》解释"蜀"字，就是以"蚕"作为族名，所以蜀山氏又称为蚕丛氏。《史记·五帝本纪》记载黄帝和蜀山氏联姻，黄帝的元妃西陵氏女嫘祖也是蜀地人，将丝绸传到了中原和全国，被后世尊崇为先蚕。古代蜀人饲养家蚕从蚕丛时代就开始了，故教人养蚕的蚕丛被后人祭祀为青衣神。三星堆二号坑出土的高大的青铜立人像所穿的龙纹长衣，无论从细腻的质地或精美的图案花纹来看，都应是华丽的高级丝织品。这次三星堆发现的丝绸遗迹，更加充分印证了史籍的记载，说明古蜀是中国丝绸的故乡。

　　三星堆考古新发现再次举世瞩目，特别是央视最近直播报道了三星堆考古发掘实况，让广大民众和学术界人士共同分享和关注这次考古新发现，使三星堆与古蜀文明成了非常热门的话题。这对弘扬中华优秀传统文化，增强中华民族自信心，都是非常有意义的好事情。

　　拙著《三星堆》初版于2002年，主要着重于通俗有趣与图文并茂，为广大读者提供内容丰富而又畅销有趣的阅读。本书对三星堆考古发现与古蜀文明的宏大话题，做了简明扼要而又流畅透彻的叙述。尽管篇幅有限，讲述的都是学术与文化的精粹，在文字叙述方面也力求透彻畅达，做了力所能及的锤炼。

　　一晃很多年过去了，三星堆与古蜀文明现在又成了热门话题。拙著《三星堆》并未过时，作为一部讲述三星堆考古发现与古蜀文明的通俗透彻的简明之作，依然洋溢着蓬勃的生命力。这次再版，对文字做了修润，并调整了一些图片，书名也改为《古蜀三星堆》。特别感谢四川文艺出版社对拙著再版的支持，感谢社领导的热情关心，感谢责任编辑的辛劳，感谢美编的设计。同时也要感谢广大读者对三星堆与古蜀文明的关注，希望此书能成为你们喜欢的读物，那就是作者最大的欣慰了。

二〇二一年仲夏
于天府耕愚斋